ULRICH RADERMACHER

Hundsbua

FATALER IRRTUM Die elf Monate alte Sophia Christ wird aus dem Kindergarten entführt, doch die Ermittlungen gestalten sich schwierig. Mutter Katja ist psychisch labil, Vater Clemens verweigert sogar die Zusammenarbeit mit der Polizei. Was haben Drehbuchautor Peter Wächter und seine Frau Fabienne zu verbergen? Wieso nehmen sie die Kriminalbeamten nicht ernst?

Nicht nur Julia, die wie der Franke Martin als frischgebackene Kommissarin ins Team der Münchner Mordkommission zurückgekehrt ist, leidet unter der Tatsache, dass sich die Entführer nicht melden. Ihr Chef Alois Schön muss darüber hinaus eine private Herausforderung bewältigen.

Als Spuren nach Hamburg führen, bittet Hauptkommissar Alois Schön seine ehemalige Stellvertreterin Diana Schubert um Unterstützung. Dennoch spitzt sich die Lage zu. Denn die Entführer scheinen nur ein Ziel zu kennen, das sie hartnäckig und ohne Skrupel verfolgen.

© Juliane Weber

Ulrich Radermacher, geboren 1964 in Trier, studierte BWL in Nürnberg, bevor er 1990 im Münchner Umland eine neue Heimat fand. Seit 1995 ist der Vater von zwei erwachsenen Söhnen als unabhängiger Finanzexperte selbstständig tätig. Mit dem Schreibvirus infizierte er sich im Sommer 2010, seine Leidenschaft für München-Krimis entdeckte er ein Jahr später. »Hundsbua« ist nach »Saukerl« und »Schickimicki« der dritte Teil von Radermachers Krimireihe um die Kommissare Alois Schön und Natascha Frey.

Lesungstermine, Presseartikel und viele weitere Informationen finden Sie auf seiner Website:
www.krimi-muenchen.de

Bisherige Veröffentlichungen im Gmeiner-Verlag:
Schickimicki (2017)
Saukerl (2016)

ULRICH RADERMACHER

Hundsbua

Kommissar Alois Schöns 3. Fall

SPANNUNG

GMEINER

Immer informiert

Spannung pur – mit unserem Newsletter informieren wir Sie
regelmäßig über Wissenswertes aus unserer Bücherwelt.

Gefällt mir!

Facebook: @Gmeiner.Verlag
Instagram: @gmeinerverlag
Twitter: @GmeinerVerlag

Besuchen Sie uns im Internet:
www.gmeiner-verlag.de

© 2019 – Gmeiner-Verlag GmbH
Im Ehnried 5, 88605 Meßkirch
Telefon 0 75 75 / 20 95 - 0
info@gmeiner-verlag.de
Alle Rechte vorbehalten
1. Auflage 2019

Lektorat: Claudia Senghaas, Kirchardt
Herstellung: Julia Franze
Umschlaggestaltung: U.O.R.G. Lutz Eberle, Stuttgart
unter Verwendung eines Fotos von: © ansharphoto / shutterstock.com
Druck: CPI books GmbH, Leck
Printed in Germany
ISBN 978-3-8392-2412-0

INHALTSVERZEICHNIS

HINTER DER ROSSKASTANIE

Das kleine Mädchen schrie, so laut es konnte. Tränen der Anstrengung liefen über ihre zarten Wangen. Der schrille Klang ihrer Stimme stoppte jegliche Aktivitäten in ihrer Umgebung, zog sämtliche Blicke magnetisch an.

Sofort eilte ihr älterer Bruder zum Ende der Rutsche, wo er den Sand seiner Schaufel ins Gesicht des Übeltäters spritzte, bevor er ihn seitlich zu Boden stieß. Noch einmal würde Luca seine Schwester nicht von der untersten Sprosse der Leiter schubsen.

Nun plärrte auch der Vierjährige, und die Erzieherinnen hatten alle Hände voll zu tun, die Knirpse zu beruhigen. Sophia dagegen schien von der Aufregung nicht das Geringste mitzubekommen. Schon kurz, nachdem sie der Vater am Morgen gebracht hatte, waren ihr die Augen zugefallen. Weder das Gebrabbel der anderen Kleinkinder noch der Gesang der Vorschulgruppe hatte sie aufgeweckt. Selbst als man sie in den Bollerwagen gelegt und diesen fernab der spielenden Kinder an einem schattigen Plätzchen hinter der großen Rosskastanie geparkt hatte, hatte sie keinen Mucks von sich gegeben. Immerhin träumte sie nun an der frischen Luft.

Schlapp und ungewohnt blass erschien Kommissarin Natascha Frey an diesem Montag an ihrem Arbeitsplatz in der Hansastraße. Ihre langen blonden Haare, sonst eine Augenweide, hingen lustlos an ihr herab. Wortlos bediente sie sich an der Kaffeemaschine, bevor sie an der Besprechung des Teams teilnahm.

»Diana hat heute früh angerufen, sie ist seit einer Woche wieder im Dienst«, berichtete Alois Schön, der Leiter der Mordkommission, zu Beginn des Meetings. »Ich soll euch schön grüßen.«

Weil ihr Mann seine Karriere in Hamburg fortsetzen wollte, hatte seine Stellvertreterin noch während ihres Erziehungsurlaubs einen Antrag auf Versetzung beim bayerischen Innenministerium gestellt. Und da sich die Hanseaten über eine gut ausgebildete Oberkommissarin aus München freuten, und Diana für ihren Sohn sogar einen Krippenplatz fand, jagte sie nun an Alster und Elbe Verbrecher.

»Wie gefällt's ihr im hohen Norden?«, meldet sich Julia Neubauer als Erste zu Wort.

»Gut.« Alois Schön machte eine kurze Pause. »Aber a bisserl vermisst sie uns schon.« Er schmunzelte. »Es ist halt doch eine andere Mentalität dort oben.«

»Mir gönners ja amol bsuchn«, schlug Martin daraufhin vor. Der Franke hatte wie Julia sein Studium an der Polizeischule in Fürstenfeldbruck im Frühjahr beendet und trug nun ebenfalls den Titel eines Kommissars. Er hatte sich sehr zu seinem Vorteil verändert: Kontaktlinsen statt Brille, dazu eine neue, flotte Frisur. Darüber hinaus hatte sein Schwärmen für Natascha aufgehört. »Is scho schood, Nadascha«, hatte er an ihrem Polterabend frech erklärt, »etzed wersd nie erfahrn, was du bei mir verbassd hosd.«

»Ich weiß«, hatte die Braut mit gespielt trauriger Stimme erwidert, »die Geheimnisse fränkischer Liebhaber werden mir für immer und ewig verschlossen bleiben. Ich hoffe, mein Hase wird mir über diesen unsäglichen Verlust hinweghelfen.« Anschließend hatte sie ihren Phil mit einem leidenschaftlichen, nicht enden wollenden Kuss beglückt.

Eine Szene, die allen im Gedächtnis geblieben war und im Team schon mehrfach für Neckerei und Heiterkeit gesorgt hatte.

Heute dagegen war Natascha überhaupt nicht gut drauf. »Sorry, Leute, mir ist schlecht.« Ohne eine Antwort der Kollegen abzuwarten, eilte sie aus dem Zimmer zur Damentoilette, in die sie ihr Frühstück entleerte.

»Am besten fährst du wieder heim und legst dich ins Bett!«, kommentierte Alois Schön die Leichenblässe seiner neuen Stellvertreterin nach ihrer Rückkehr. »Martin, bringst du die Kollegin bitte nach Hause?«

»Gehd gloar, Chef«, erwiderte der Franke, ehe er mit Natascha den Raum verließ.

Es dauerte viele Minuten, bis im Kindergarten sämtliche Tränen getrocknet und den beiden Jungen die Verwerflichkeit ihres Handelns bewusst gemacht worden war. Vor allem der Fünfjährige zeigte sich uneinsichtig. Schließlich hatten ihm Mama und Papa eingebläut, er müsse seine kleine Schwester beschützen. Und deshalb wollte er nicht einsehen, dass er etwas Falsches getan hatte.

Im Gegensatz zu den Erzieherinnen, die auf Anhieb erkannten, dass ihnen ein schwerer Fehler unterlaufen war. Weshalb die Leiterin sofort die 110 anrief, während ihre Kolleginnen versuchten, die Eltern der Zöglinge zu erreichen.

Die Dame vom Notruf informierte nicht nur die örtliche Wache, sondern ebenso Alois Schön und die Spurensicherung. Denn in München kümmert sich die Mordkommission auch um Menschenraub und Erpressung. »Delikte an Leib und Leben«, ist die offizielle Bezeichnung der zuständigen Dezernate.

Natürlich hatte das silbergrüne Polizeiauto das Interesse der Kinder geweckt. Ein Junge hatte sich sogar von der Hand der Großmutter losgerissen, um seinen Freunden von der Ankunft der Polizei zu berichten. Und als der Polizist den Gruppenraum betrat und sämtliche Fragen bis hin zur PS-Zahl seines Wagens ausführlich beantwortete, waren alle zufrieden. Die Kriminaltechniker konnten in Ruhe im Garten arbeiten, das Eintreffen der Beamten in Zivil wurde nicht bemerkt.

»Der Täter hat den Zaun mit einer Drahtschere von oben bis unten durchgeschnitten und zur Seite gebogen«, erhielt Alois Schön gleich zur Begrüßung eine Schilderung des mutmaßlichen Tathergangs. »Danach hat er sich vermutlich zum Baum geschlichen, die Kleine auf den Arm genommen und leise einen Abgang gemacht. Die Fußspuren im Gras deuten darauf hin, dass er sehr vorsichtig und auf Zehenspitzen gegangen ist.«

»Könnt ihr die Art der Schuhe bestimmen oder die Schuhgröße?«

»Tut mir leid, Alois. Das Einzige, bei dem wir sicher sind, ist, dass nur eine Person die Wiese betreten hat. Was jedoch nichts zu bedeuten hat.«

»Stimmt.« Alois Schöns Blick glitt über das unbebaute Grundstück, das an den Kindergarten grenzte. Die letzte Parzelle in einer Seitenstraße, die als Sackgasse in einer Wendehufe endete. »Ein Komplize könnte im Auto gewartet haben.«

Zu Fuß dagegen konnte der Täter durch den schmalen Weg und das dahinter liegende Wohnviertel geflüchtet sein.

Der Leiter der Mordkommission sah den Kollegen von der Spurensicherung an. »Wie sieht's mit DNS aus?«

»Bis jetzt Fehlanzeige, weder am Bollerwagen noch am Zaun. Ein paar Fasern von der Wolldecke, aber die bringen uns kaum weiter«, stellte der Spezialist fest.

»Warum hat das Mädchen nicht geschrien?«, wollte Julia wissen.

Der Experte zuckte mit den Achseln. »Vielleicht ist es betäubt worden.«

Der Leiterin des Kindergartens war die innere Anspannung nach wie vor anzusehen, als sie die Tür ihres Büros schloss. »In unseren neuen Kitas wäre das niemals passiert, die haben stabile Umzäunungen aus Schmiedeeisen um ihre Grundstücke und nicht so lumpige Hasenzaun-Maschendrahtgitter wie wir!« Mit zittrigen Händen fingerte sie nach einem Papiertaschentuch in ihrer Rocktasche. »Aber das Allerschlimmste ist, wir haben die Eltern von Sophia noch nicht erreicht!« Als sie es fand, schnäuzte sie hinein. Anschließend setzte sie sich an ihren Schreibtisch. Mit einem verkrampften Lächeln deutete sie auf die beiden freien Stühle ihr gegenüber. »Nehmen Sie Platz.«

»Geben Sie uns die Adresse, wir kümmern uns darum.« Alois Schön rief den Vertreter der örtlichen Wache, der sofort losfuhr.

Nachdem der Polizist gegangen war, erkundigte er sich freundlich: »Was können Sie uns über Sophias Familie berichten?«

»Nicht so viel«, begann die Kindergartenleiterin nun wesentlich ruhiger. »Sophia ist erst seit Anfang Mai bei uns, sie ist die Jüngste in der Gruppe.«

»Wie alt ist sie?«

»Knapp elf Monate, eine süße Maus!« Die Erzieherin holte eine Mappe aus der Schreibtischschublade hervor. »Hier sehen Sie, dieses Foto haben wir letzte Woche von ihr gemacht.«

»Eine schöne Aufnahme, wirklich gut gelungen. Dürfen wir sie mitnehmen?«

»Von mir aus gerne.«

»Selbstverständlich werden wir die Eltern nachträglich um Erlaubnis fragen.« Alois Schön steckte das Bild in die Innentasche seiner Jacke. Anschließend sah er die

Kindergärtnerin fragend an. »Wie schätzen Sie die finanzielle Situation der Familie ein?«

»Das wage ich nicht zu beurteilen«, erwiderte diese rasch. Offenbar zu schnell, denn kaum hatten ihre Worte den Mund verlassen, entfernte sich ihr Oberkörper einige Zentimeter vom Schreibtisch. Ihr rechter Zeigefinger berührte ihre Backe, ihre Augen wanderten zur Decke. Jeder im Raum konnte erkennen, wie sie über ihre Äußerungen nachsann. »Einen Antrag auf Ermäßigung unserer Gebühren haben sie jedenfalls nicht gestellt. Hätte mich allerdings auch gewundert, das Haus, in dem sie wohnen, ist ziemlich groß, um nicht zu sagen, protzig.« Wie sie offensichtlich bemüht war, der Polizei nützliche Tipps zu geben. »Aber ich weiß nicht einmal, ob sie es gekauft oder gemietet haben«, fügte sie mit jammernder Stimme hinzu.

»Was machen die Eltern beruflich?«

»Die Mutter ist meines Wissens nicht berufstätig. Der Vater ist Anwalt. Seine Kanzlei befindet sich in bester Lage von München, in der Nähe vom Marienplatz.« Die Gesichtszüge der Erzieherin versteinerten sich. »Heute hat er Sophia gebracht.« Als sie den Satz beendet hatte, biss sie sich auf die Unterlippe.

»Ja und?«

»Hingestellt ist wohl der bessere Ausdruck«, erläuterte sie sichtlich verärgert. »Er setzte Sophia einfach auf den Boden im Gruppenraum und war sofort wieder weg.«

Alois Schön lächelte mitfühlend, sagte jedoch bewusst kein Wort.

»Der Mann ist mir unsympathisch. Er wirkt so arrogant, fast schon skrupellos. Und seine Augen, die sind so kalt. Da wird einem richtig Angst!«

»Warum kümmert sich die Mutter nicht selbst um ihr Kind, wenn sie nicht arbeitet?«, unterbrach Julia ihr Mitschreiben.

»Ach, das ist heutzutage nicht so ungewöhnlich.« Obwohl das Lächeln der Kommissarin Sympathie verstrahlte, wich die Erzieherin ihrem Blick aus. Stattdessen starrte sie auf die Tür und die Aktenordner im Regal. »Es liegt mir fern, irgendwelche Gerüchte zu verbreiten«, begann sie zögerlich, »aber manchmal entstand bei mir der Eindruck, Sophias Mutter hätte psychische Probleme.«

»Woran haben Sie das festgemacht?«, erkundigte sich Alois Schön.

»Ihre Stimmung schwankt enorm. Mal redet sie ohne Unterlass, mal bringt sie kein einziges Wort heraus. An manchen Tagen wirkt sie fahrig und aufgedreht, während man an anderen denkt, sie hätte eine ganze Schachtel Schlaftabletten genommen. Wir mussten sie schon zwei Mal anrufen, damit sie Sophia überhaupt abholt!«

»Hoffen wir, dass sie heute halbwegs gut drauf ist«, merkte der Leiter der Mordkommission an.

Der Polizist der örtlichen Wache wollte das Grundstück bereits wieder verlassen, als eine in schrillem Pink gekleidete, klein gewachsene Frau mit asymmetrisch geschnittener Bobfrisur in die Einfahrt fuhr.

»Hallo, Herr Wachtmeister«, rief sie ihm durch das geöffnete Fenster ihres Minis entgegen, »wollen Sie zu mir?«

»Wenn Sie Katja Christ sind.«

»Aber ja!« Mit leuchtenden Augen stieg die Dame aus ihrem Auto und holte eine Vielzahl großer und kleiner Tüten aus Rücksitz und Kofferraum, bevor sie auf ihren für ihre pummelige Figur viel zu hohen Absätzen zum Eingang stöckelte. »Möchten Sie hereinkommen, junger Mann?«

»Gerne.« Der Beamte wartete mit weiteren Ausführungen, bis die Haustür geschlossen war. »Es geht um Ihre Tochter Sophia.«

»Schauen Sie mal, was ich ergattern konnte!« Katja Christ ging schnurstracks ins Wohnzimmer, stellte ihre Einkäufe auf den ausladenden Marmortisch und begann auszupacken. »Schuhe, Rock und Bluse, alles in derselben Farbe.« Sie redete laut und schnell.

Der Polizist runzelte die Stirn. »Frau …«

»Am Anfang dachte ich«, wurde er abermals überhört, »ich würde gar nichts bekommen, müsste wieder unverrichteter Dinge heimfahren. Doch nun habe ich sogar die passenden Dessous und Handys dazu. In Mint, blau und orange.« Sie drehte sich zu ihrem Gast um. »Toll nicht?«

Statt zu antworten verdrehte dieser die Augen. Wozu brauchte man so viele Mobiltelefone? Zumal noch eines auf der Anrichte lag. Ebenso glaubte er, ein weiteres auf dem kleinen Tisch in der Garderobe gesehen zu haben. Er holte tief Luft, bevor er seine Stimme erhob: »Wissen Sie, wo Sophia ist, Frau Christ?«

»Na, im Kindergarten, wo sonst?« Mehr schien die Mutter nicht zu interessieren. Stattdessen nahm sie ein Mieder aus einer der Einkaufstaschen und hielt es sich vor die Brust. »Glauben Sie, dass ich meinem Mann in diesem Body gefalle?« Erst als sie keine Antwort erhielt, erkundigte sie sich: »Hat Clemens sie dort nicht abgeliefert?«

»Dann schlage ich vor, dass wir jetzt gemeinsam dorthin fahren«, forderte der junge Beamte mit strenger Miene.

»Kann ich nicht vorher noch kurz die Unterwäsche probieren?« Wie eine Tochter, die ihren Vater bittet, länger in der Disco bleiben zu dürfen, sah Katja Christ den Polizisten an. »Sie dürfen mir auch beim Schnüren der Korsage helfen!«

»Nein, Frau Christ, wir müssen los!«, antwortete dieser im Befehlston. Doch erst als er hinzufügte, dass Sophia verschwunden sei, fand er Gehör.

Der Streifenbeamte hatte den Motor noch nicht abgestellt, als Katja Christ aus dem Auto sprang und in den Kindergarten stürmte. Kaum hatte sie eine der Erzieherinnen entdeckt, schrie sie: »Sind Sie zu blöd oder zu faul, auf mein Kind aufzupassen?«

»Frau Christ, mein Name ist Alois Schön.« Der Leiter der Mordkommission kam ihr im Flur entgegen. »Ich leite hier die Ermittlungen.«

Doch anstatt die ausgestreckte Hand des Kommissars zu ergreifen, rauschte die Lady an ihm vorbei in den Gruppenraum, wo sie diverse Stofftiere vom Sideboard neben der Tür fegte. »Diese jungen Dinger sind alle absolut unfähig, dumm wie ein Stück Brot!«

»Frau Christ, beruhigen Sie sich doch bitte!« Die Leiterin des Horts ging unsicher, aber mutig auf die Furie zu.

Wodurch sie diese offenbar noch mehr erzürnte: »Mein Mann wird Sie verklagen! Dann sind Sie Ihren Job los, dann können Sie im Imbiss Buletten braten oder von mir aus auch putzen gehen!«

Die Erzieherin schluckte. Wortlos drehte sie sich um und lief in ihr Büro.

Alois Schön erkannte, dass die Anwesenheit von Katja Christ nicht von Nutzen war. Er bat Julia, sie nach Hause bringen. »Es muss doch jemand bei Ihnen zu Hause sein«, wandte er sich mit väterlichem Blick der Mutter zu, »für den Fall, dass die Entführer anrufen.« Er lächelte: »Wer könnte das besser als Sie?«

Katja Christ nickte. »Natürlich, Sie haben ja so recht, Herr Kommissar!« Sie schien nicht zu wissen, dass die Überwachung der Telefongespräche heutzutage nicht mehr vor Ort, sondern über den Betreiber des Telefonnetzwerkes erfolgt.

ELTERN WERDEN IST NICHT SCHWER ...

Zu Julias Überraschung sprach Katja Christ während der Autofahrt kein einziges Wort. Weder mit ihr noch mit sich selbst. Kein Fluchen, kein Schimpfen, kein Jammern. Apathisch saß sie auf dem Beifahrersitz, starrte mit leerem Blick durch die Windschutzscheibe.

Zu Hause angekommen erklärte sie, sie sei hundemüde, wisse nicht, wo ihr der Kopf stehe, und müsse nun schlafen. Ohne eine Antwort der Kommissarin abzuwarten, ging sie ins Schlafzimmer. Sie ließ den Rollladen herunter, zog Schuhe, Bluse und Rock aus und verkroch sich unter der Bettdecke. Dass sie beobachtet wurde, schien sie nicht zu bemerken.

Julia rief Alois Schön an, um ihm mitzuteilen, dass es ihr momentan unmöglich sei, die Mutter zu befragen. Der bat sie dennoch, vor Ort zu bleiben.

20 Minuten nach seiner Frau traf Clemens Christ im Kindergarten ein. »I suach an Hauptkommissar Schön«, plärrte er, kaum, dass er das Gebäude betreten hatte.

»Hier!« Der Leiter der Mordkommission wartete bereits auf dem Flur.

Der Handschlag? Kurz und fest. »I hob ned vui Zeit.«

Dazu ein prüfender Blick. »Außerdem gehe ich davon aus, dass ich Ihnen nicht erklären muss, wie Sie Ihren Job zu machen haben.« Offensichtlich konnte der Herr auch Hochdeutsch.

Ein Typ, wie man sich den Rausschmeißer einer Disco vorstellt. Oder einen Schauspieler, dem die Rolle des Mannes fürs Grobe in einem Mafiafilm auf den Leib geschrieben wurde. Ende 30, etwa 1,70 Meter groß, mit Glatze und schwarzer Brille. Mit einem gedrungenen Körper, der in einem dunkelblauen Designeranzug steckte.

»Wir tun unser Bestes.« Alois Schön erinnerte sich an die Aussage der Leiterin des Kindergartens. »Dann will ich gleich zur Sache kommen.« Eindringlich sah er den Anwalt an. Dessen Augen wirkten in der Tat sehr kalt.

»Haben Sie Feinde, Herr Christ?«

»Naa, wieso?«

»Mandanten, die sich an Ihnen rächen wollen?«

»Moanan S', ob i Schwerkriminelle oder Mafiosi vertret'?« Clemens Christ verschränkte seine muskulösen Arme vor seiner Brust. »I bin koa Strafrechtler ned, i bin a Fachanwalt für Bank- und Kapitalmarktrecht.«

Alois Schön zog die Augenbrauen nach oben. »Wurden Sie in letzter Zeit bedroht?«

»Na. Schau i so aus, als ob ma mi einschüchtern kannt?« Obwohl ihm die Frage noch gar nicht gestellt worden war, schilderte Clemens Christ alsdann in knappen, präzisen Worten den Ablauf des Morgens. Kaum hatte er seinen Vortrag beendet, schaute er auf seine Uhr am Handgelenk. »Jetzt muass i aber wirkli los, Herr

Kommissar.« Er drehte sich um und lief schnurstracks zum Eingang.

»Wir sind noch nicht fertig!«, rief ihm dieser hinterher.

»I hob Eahna g'sogt, dass's mir pressiert!« Die Tür halb aufgestoßen, bedachte er den Leiter der Mordkommission mit einem herablassenden Lächeln. »Glaubn's mir, des Geld, des i verlier, wenn i den Termin verpass, wolln mir Eahnare Chefs ned ersetzen.« Ohne eine Antwort abzuwarten, marschierte er aus dem Gebäude.

»Dann kommen Sie bitte anschließend zu uns ins Dezernat!«

»Heid nimma, Herr Hauptkommissar.« Clemens Christ hatte bereits die Tür seines Porsche Panamera geöffnet.

»Die Leiterin des Kindergartens hat uns ein aktuelles Foto Ihrer Tochter zu Fahndungszwecken gegeben. Ist das in Ordnung für Sie?«

»Freili.« Der Vater lächelte, während er sich auf den Fahrersitz schwang und den Motor startete. »Allerdings muass i ned dabei sein, wenn S' die Entführer von der Sophia schnappen. Es langt mir völlig, wenn S' mir mei Deandl gsund zruckbringa.«

»Also gut. Dann morgen um acht Uhr bei uns in der Hansastraße!«

Clemens Christ antwortete nicht. Die rechte Hand am Lenkrad grüßte er lässig mit zwei Fingern und fuhr vom Parkplatz.

Katja Christ schlief ungefähr drei Stunden. Dass sie wach war, hatte Julia an ihrem Schluchzen bemerkt. Vorsichtig öffnete sie die Tür.

Im Bett lag eine in Tränen aufgelöste, hilflos wirkende Frau. »Das ist alles meine Schuld. Ich hätte Sophia niemals in diesen Kindergarten geben dürfen«, jammerte sie wiederholt vor sich hin.

Die Kommissarin entschloss sich, Katja Christ in den Arm zu nehmen. »Es ist nicht Ihre Schuld, Frau Christ.«

Die klammerte sich an ihr fest. »Doch, doch. In dieser Krippe regiert der Teufel!«

Julia spürte, wie ihre Bluse nasser wurde. »Sophia kommt bestimmt bald wieder.« Sie legte die weinende Mutter behutsam aufs Bett zurück und strich ihr tröstend durch die Haare.

»Es ist alles so furchtbar. Und alles nur wegen mir!« Heulend drehte sich Katja Christ zur Seite.

»Hier, nehmen Sie!« Julia legte ihr ein Papiertaschentuch aufs Kopfkissen. Anschließend erkundigte sie sich: »Soll ich Ihnen etwas bringen? Eine Tasse Tee oder Kaffee vielleicht?«

»Nein danke, ich möchte nur schlafen.«

»Gut, dann lasse ich Sie in Ruhe, Frau Christ.« Julia stand auf und ging zur Tür. Nach kurzem Überlegen wandte sie sich um: »Darf ich mir mal Ihre Einkäufe anschauen?«

»Machen Sie nur, ich brauche den Plunder nicht mehr. Von mir aus können Sie das Zeug haben, ich bin morgen eh tot.« Diese Bemerkung veranlasste die junge Kommissarin, sich im Zimmer nach für einen Selbstmord geeigneten Gegenständen umzusehen. Ebenso ließ sie die Schlafzimmertür einen Spalt weit offen, um mitzubekommen, wenn sich Katja Christ rührte oder gar aufstand.

Natürlich ging es Julia bei der Durchsicht der Einkaufstüten nicht um die neueste Handytechnik oder die aktuelle Mode. Gleichwohl brachte die Kontrolle der Kassenbelege nicht den gewünschten Erfolg. Sämtliche Käufe von Katja Christ erfolgten innerhalb einer halben Stunde, die angegebenen Uhrzeiten passten zur Zeit ihrer Rückkehr nach Hause. Wann sie jedoch in die Stadt gefahren war, ließ sich mangels Parkticket nicht feststellen.

Die örtliche Wache mobilisierte derweil alle zur Verfügung stehenden personellen Reserven, um die Bewohner der Straße und des angrenzenden Wohnviertels zu befragen. Doch die meisten Anwohner waren zur Tatzeit nicht zu Hause und mussten am Abend ein zweites Mal aufgesucht werden. An auffällig oder unauffällig parkende Autos oder an auswärtige Nummernschilder konnte sich dennoch niemand erinnern. Weder an diesem Montag noch an den Tagen zuvor. Ein älterer Herr meckerte über jugendliche Rowdys, die sich regelmäßig nach Einbruch der Dunkelheit träfen und stets einen Saustall hinterließen, der Eigentümer des Nachbargrundstücks beschwerte sich, dass dieses praktisch wertlos sei, weil kein Mensch neben einem Kindergarten wohnen wolle. Probleme, für die die Mordkommission nicht zuständig war. Immerhin versprach der Bürgermeister, sich mit dem Jugendsozialarbeiter in Verbindung zu setzen, um die Jugendlichen als Zeugen vernehmen zu können.

Am nächsten Morgen erschien Alois Schön pünktlich im Büro. »Ist das Foto von Sophia Christ schon raus?«

»Gloar, Chef. An jede Bolizeidienssdschdell in Deutschland.« Vergeblich wartete er auf den Vater des entführten Kleinkinds. Nach Ablauf des akademischen Viertels checkte er die Verkehrslage im Internet.

»Sorry, mir ist was Wichtigs dazwischenkemma«, entschuldigte sich Clemens Christ emotionslos, als Alois Schön ihn in der Kanzlei erreichte.

»Wir hatten diesen Termin doch fest ausgemacht. Schließlich geht es hier um Ihre Tochter!«

»Des is doch wohl mei Sach, ob i kimm oder ned. Oder muass i Eahna erinnern, dass i mit Eahna überhaupt ned schmatzen muass?«

»Natürlich nicht.« Alois Schön atmete tief durch: »Wir wollen Ihnen doch nur helfen, Ihre Tochter zu finden, Herr Christ! Oder möchten Sie, dass wir wegen jeder Kleinigkeit sofort den Staatsanwalt einschalten?«

»Machtst, was wollts. Und jetzt lassts mir mei Ruah, i hob z' doa!«

Alois Schön schüttelte den Kopf. Ein solches Verhalten war ihm in seiner gesamten Laufbahn noch nicht begegnet. So ein Benehmen wollte er schon aus Prinzip nicht tolerieren. Also informierte er die Staatsanwaltschaft, damit sie Clemens Christ vorlud.

»Kommst du bitte gleich zu mir rüber? Wir haben einen neuen Fall«, bat Alois Schön, als Natascha an seine Tür klopfte, um einen »Guten Morgen« zu wünschen. Sie sah wieder völlig gesund aus.

»Dann bleib ich gleich hier«, erwiderte die Kommissarin gut gelaunt.

»In Ordnung, schließ aber bitte die Tür.«

Natascha grinste. »Warum so förmlich? Sind wir jetzt beim Geheimdienst?« Gleichwohl tat sie ihrem Chef den Gefallen.

Der Leiter der Mordkommission räusperte sich: »Ich frage dich das jetzt mehr als Freund und weniger als dein Vorgesetzter.«

»Danach sieht's aber nicht aus!«, wurde er von seiner neuen Stellvertreterin in seinem Redefluss gehemmt.

»Na gut, sagen wir halbe-halbe. Auf jeden Fall möchte ich nicht um den heißen Brei herumreden. Deswegen frage ich dich ganz direkt: Bist du schwanger?«

Natascha zögerte einen Moment, bevor sie ruhig antwortete: »Nein, Alois. Meinst du, weil mir gestern ausnahmsweise mal schlecht war?«

Alois Schön nickte. »Ich weiß ja, dass du und dein Phil schon eine Zeit lang daran arbeiten.«

»Stimmt, doch bislang ohne Erfolg.« Natascha schaute ihrem Chef selbstbewusst lächelnd in die Augen. »Gestern hatte ich nur etwas Falsches gegessen. Heute bin ich wieder voll fit und ganz die Alte!«

Am liebsten hätte Alois Schön mit einem lockeren Spruch geantwortet. Das jedoch erschien ihm völlig unpassend. »Das freut mich«, begann er zögerlich, »und selbstredend ist es deine Entscheidung, wann du mich über das freudige Ereignis informierst.« Zudem sprach er ungewohnt leise. »Allerdings handelt es sich …« Mit ernster Miene sah er seine Mitarbeiterin an, »… bei unserem neuen Fall um die Entführung eines Kleinkinds.« Er holte tief Luft. »Und da sich die Kidnapper bisher nicht gemeldet haben, müssen wir mit dem Schlimmsten rechnen.« Nach diesem Satz atmete er hörbar aus, die folgende Pause geriet länger als gewöhnlich. »Du weißt, ich schätze es sehr, dass du eine überaus motivierte Kommissarin bist«, gewannen seine Worte an Bestimmtheit, »aber gerade wegen deines starken persönlichen Engagements, möchte ich dir eine Kindesentführung während einer Schwangerschaft nicht zumuten.«

»Deine Fürsorge ehrt dich, mein lieber Alois.« Natascha setzte sich aufrecht hin. »Aber du kannst ganz beruhigt sein.« Ihre Stimme klang fest, gleichwohl redete sie langsam und bedächtig. Als ob sie das Gesagte überdenken und verifizieren müsse. »Wie ich bereits sagte, es ist noch nichts passiert. Und deswegen bin ich absolut in der Lage, an diesem Fall mitzuarbeiten.«

»Es wäre trotzdem schön, wenn du mich zeitnah informierst, sobald es Neuigkeiten gibt.«

»Du erfährst es als Erster.« Natascha stand auf. Zwei Schritte später drehte sie sich um und lächelte. »Sagen wir als Zweiter.«

»Das reicht mir vollkommen«, lachte Alois Schön zurück. Wohl wissend, dass der Kollegin seine Worte mehr zu Herzen gingen, als sie zugeben mochte.

Clemens Christ wusste, dass er sich der Vernehmung durch die Staatsanwaltschaft nicht widersetzen konnte. Aus diesem Grund erschien er pünktlich im Kommissariat und gab bereitwillig Auskunft zu Name und Wohnort.

»Wie geht es Ihnen?« Alois Schön wollte eine entspannte Gesprächsatmosphäre schaffen.

Doch der Anwalt rümpfte die Nase. »Was soll des? Glaubts ihr im Ernst, dass i woan und wart, bis der Entführer oruaft?« Seine Stimme klang aggressiv, konnte ihren Zynismus nicht verbergen.

»Natürlich nicht.« Alois Schön beugte sich leicht nach vorne, sah den Zeugen beschwörend an und erwiderte betont sanft: »Ihre Frau scheint diese Situation aber nicht so gut zu verkraften.«

»Was wollts von mi hörn?« Clemens Christ saß gelangweilt auf seinem Stuhl. »I frog mi eh, was i da dua.« Er zuckte nicht einmal mit den Schultern. »I hob Eahna eh scho g'sagt, wann i d' Sophia in den Kindergarten brocht hob. A scho, dass mir nix aufgfalln is! Weder am Montag in der Früh noch in der Woch davor.« Nach einer kurzen Pause fügte er motzend in nur leicht eingefärbtem Hochdeutsch hinzu: »Von mir aus wiederhole ich meine Aussage hier und heute vor der Staatsanwaltschaft. Oder möchten Sie es lieber schriftlich?« Dass er beim vorletzten Satz seine Hand wie zum Schwur erhob, verlieh seinen Worten eine bizarre Note.

»Etwas genauere Informationen könnten Sie uns schon geben«, forderte Alois Schön bestimmt, aber dennoch gelassen.

Clemens Christ stand auf und stützte seine muskulösen Arme auf den Vernehmungstisch. »Es interessiert koa Sau, ob i zwoa Minuten friahra oder später im Hort okumma bin.« Er kniff die Augen zusammen. »Wollts ihr mi testen? Oder hoits ihr mi für deppert?« Er sah seine Gesprächspartner an, als wolle er ihre Stirn mit seinem Blick durchbohren. »Wenn i Eahna sog, dass mir nix aufgfalln is, hob i a nix g'sehn. Und in 99,9 Prozent der Fälle war dann da a nix!« Zur Bekräftigung seines Statements haute er mit der flachen Hand auf die Tischplatte. »Wissen S' was?«, fuhr er in einem Ton, der an Arroganz nicht zu überbieten war, fort, »i sog jetzt gar nix mehr!«

»Warum das?«

»Weil i von meinem Aussageverweigerungsrecht Gebrauch mach.« Das Lächeln des Anwalts hätte nicht schmieriger sein können. Dazu eine honigsüße Stimme.

Alois Schön hatte Mühe sich zu beherrschen, innerlich musste er kotzen.

Der Staatsanwalt schien ebenso überrascht. Verblüfft sah er den Leiter der Mordkommission an, bevor er sich an den Zeugen wandte: »Heißt das, Sie haben Angst, sich selbst zu belasten? Oder haben Sie eine Vermutung, wer Ihre kleine Tochter entführt hat?«

Als Antwort erhielt er nicht einmal ein Schulterzucken.

»Eigentlich kommt nur Ersteres infrage«, meldete sich daraufhin Alois Schön zu Wort, »denn bis jetzt haben wir noch niemanden beschuldigt.«

Clemens Christ schob den Stuhl zur Seite und entfernte sich zwei Schritte vom Vernehmungstisch. »Bestehen Sie auf einer eidlichen Versicherung? Oder wollen S' mich in Beugehaft nehmen, um mich zur Aussage z' zwingen?« Herablassend sah er die Beamten an. »Ansonsten sollten wir nicht weiter unsere Zeit verschwenden.« Lachte provokativ. »Zumindest mei Schreibtisch lauft über vor Arbeit.«

»Also gut.« Der Staatsanwalt erhob sich, während Alois Schön bewusst sitzen blieb. »Ich denke, Sie wissen selbst, was Sie tun und wie Ihr Verhalten auf uns wirkt.« Er streckte dem Zeugen seine Hand entgegen: »Deshalb kann ich nur an Ihr Gewissen appellieren! Rufen Sie uns an, wenn Sie mit uns kooperieren möchten. Und denken Sie immer daran, es geht um das Leben Ihrer Tochter!«

Clemens Christ winkelte den rechten Ellbogen an und hob zum Abschied die Hand lässig in die Höhe: »Meine Herren, Pfiats eich.« Dann drehte er sich um und ging zum Aufzug.

»Der Mann weiß mehr, als er zugeben will«, behauptete der Staatsanwalt, nachdem Alois Schön die Tür zu seinem Büro geschlossen hatte. »Allerdings glaube ich nicht, dass ihn irgendwelche Repressalien unsererseits beeindrucken.«

Julia dagegen konnte die Gelassenheit des Staatsanwalts überhaupt nicht verstehen. »Der Typ hat was zu verbergen, der steckt bestimmt mit dem Entführer unter einer Decke!«, echauffierte sie sich, als Alois Schön sein Team über den Verlauf der Befragung von Clemens Christ informierte.

»Gut möglich, aber dafür haben wir keine Beweise«, gab Natascha zu bedenken.

»Und wenn das Kind stirbt?« Julia redete sich immer mehr in Rage. Tränen standen in ihren Augen.

»Jetzt mal den Teufel nicht an die Wand!« Natascha ging auf die Kollegin zu und nahm sie in den Arm. Tröstend fuhr sie ihr durch die brünetten, kurzen Haare. »Das Benehmen von Clemens Christ spricht eher dafür, dass er weiß, dass seine Tochter lebt. Nur dann macht es Sinn, dass er unsere Arbeit behindert.«

»Stimmt, da hast du recht«, schniefte Julia. Sie zog ein Taschentuch aus der Hose und schnäuzte hinein. »Können wir ihn nicht trotzdem beschatten lassen?«

»Daran habe ich schon gedacht, Julia.« Alois Schön sah seine Mitarbeiterin mitfühlend an. »Aber in diesem Fall bin ich leider auf taube Ohren gestoßen. Wortwörtlich hat der Richter gesagt: Handyüberwachung bei einem Anwalt? Nur weil er sich Ihnen gegenüber renitent verhält? Solange der Mann normal seine Arbeit macht und nicht einmal die Stadt verlässt, sehe ich da absolut keine Möglichkeiten.«

DAS KANN JA HEITER WERDEN

Alois Schön fuhr mit Natascha zu Familie Christ. Vielleicht konnte ja die Mutter von Sophia das Verhalten ihres Mannes erklären.

Katja Christ war bestens gelaunt und gut gekleidet. Sie trug eine rote Bluse, einen roten Rock sowie rote Sandalen mit Keilabsatz. Auf eine Strumpfhose hatte sie verzichtet.

»Hallo, Herr Kommissar, immer herein in die gute Stube. Dass ich das noch erleben darf, einen leibhaftigen Kommissar bei mir zu Hause.« Sie lächelte in einem fort und klimperte mit den Wimpern. »Darf ich Ihnen die Wohnung zeigen, werter Herr Kommissar? Oder müssen Sie gleich wieder weg? Das würde ich allerdings sehr bedauern.«

Ein Gitterbett, eine Wickelkommode mit den notwendigen Utensilien, Gummitiere, Fotos des Babys. Das Kinderzimmer unterschied sich in keinerlei Hinsicht von anderen.

»Und hier ist mein Schlafzimmer«, nahm Katja Christ den Leiter der Mordkommission bei der Hand. »Sind Sie heute schon verwöhnt worden, Herr Kommissar?«

»Danke, alles bestens«, antwortete dieser schmunzelnd, »Sie tun mir einen größeren Gefallen, wenn Sie mir einige Fragen beantworten, Frau Christ.« Beide Sätze sprach er so laut, dass es die Kollegin im Nebenzimmer hören konnte.

»Ihre Freundin kann sich glücklich schätzen, einen so tollen Mann wie Sie lieben zu dürfen«, raunte die Lady Alois Schön zu, während sie sich an ihn schmiegte.

Gemeinsam gingen sie zurück ins Wohnzimmer. Katja Christ setzte sich ans Kopfende der Essecke, Alois Schön auf die Bank links daneben.

»Warum reden Sie eigentlich kein Bayerisch?«, begann er das Gespräch in freundlichem Ton, »stammen Sie nicht aus München?«

»Doch, doch, ich bin hier sogar geboren«, erwiderte Katja Christ, »ein echtes Münchner Kindl sozusagen. Aber zu Hause haben wir nur Hochdeutsch gesprochen, weil meine Mutter aus der Nähe von Hannover stammte.« Erst jetzt schien sie zu realisieren, worauf Alois Schön hinauswollte. Wie ein Kind, das ein schwieriges Rätsel des Großvaters schnell gelöst hatte, strahlte sie ihn an. »Clemens' Familie dagegen lebt bereits seit Jahrhunderten in Oberbayern, darauf ist er ausgesprochen stolz.« Sie redete schnell, ihre Augen glänzten. »Mir gefällt sein Dialekt ebenfalls.«

»Hmh.« Alois Schön wollte die Euphorie der Ehefrau ein wenig bremsen, bevor er die nächste Frage stellte: »Uns gegenüber war Ihr Mann nicht sehr kooperativ, fast schon aggressiv. Haben Sie eine Erklärung dafür, Frau Christ?«

»Wirklich? Hat Clemens Ihnen nicht gesagt, was er weiß?« Verwundert sah sie den Leiter der Mordkommission an. »Vermutlich hat er sich nur unglücklich ausgedrückt, weil er derzeit so arg im Stress ist.«

Natascha, die ihrem Chef gegenüber saß, wandte ihren Kopf zur Seite, damit ihr Grinsen über die Naivität dieser Bemerkung nicht zu stark auffiel.

Auch Alois Schön erkannte, dass es sich nicht lohnte, in dieser Richtung nachzubohren. »Gut, dann brauchen wir noch Ihre Aussage, Frau Christ. Vielleicht können Sie uns ja etwas berichten, was Ihr Mann vergessen hat.« Warmherzig sah er die Zeugin an. »Wann sind Sie denn am Montagmorgen zum Einkaufen gefahren?«

»Fünf Minuten, nachdem Clemens mit unserer Kleinen aus dem Haus ist, Herr Kommissar. Wir hatten am Frühstückstisch besprochen, dass er Sophia in die Krippe bringt, damit ich zeitig in der Stadt sein kann.«

Natascha machte sich eifrig Notizen.

»Und wo haben Sie geparkt? Meine Mitarbeiterin hat nur Einkaufsbelege, aber kein Parkticket gefunden.«

»Auf meinem Geheimparkplatz, da parke ich kostenlos.« Katja Christ zog die rechte Augenbraue nach oben. »Aber den verrate ich Ihnen nicht.« Das linke Auge kniff sie trotzig zusammen.

»Es würde uns allen sehr helfen, wenn …«

»Dann ist er doch nicht mehr geheim, lieber Herr Kommissar«, wurde Alois Schön unterbrochen. »Außerdem nützt er mir nichts, wenn Sie ihn in Beschlag nehmen.«

»Jetzt stellen Sie sich nicht so an!« Natascha wurde das Gesäusel zu bunt. »Wenn Sie uns Ihren Parkplatz nicht nennen, können wir Ihr Alibi nicht überprüfen. Womöglich müssen wir Sie sogar festnehmen!«

Katja Christ würdigte die Kommissarin keines Blickes, während sie die folgenden Worte durch ihre Lippen presste: »Eine Schnepfe wie die erfährt von mir gar nichts.« Ihre Gesichtszüge wirkten finster und feindselig. Erst als sie sich erneut Alois Schön zuwandte, hellte sich ihre Mimik auf. »Sie tun mir echt leid, dass Sie mit solch blöden Tussis zusammenarbeiten müssen, werter Herr Kommissar.« Mitfühlend sah sie ihn an. »Ich weiß von meinem Mann, dass die Polizei Schwierigkeiten hat, gute Mitarbeiter zu finden. Ist ja auch kein Wunder bei der schlechten Bezahlung.«

»Frau Frey ist eine ausgesprochen kompetente und überaus nette Kollegin.« Alois Schön mahnte Natascha durch seine Handbewegung, sie möge sich beherrschen. »Verraten Sie mir nun Ihren geheimen Parkplatz, Frau Christ? Ich verspreche Ihnen, ich werde Sie nicht verpetzen und weiterhin brav ins Parkhaus fahren.«

»Nein«, erwiderte Katja Christ bockig. Dabei stampfte sie mit dem Fuß auf. »Nicht, solange …«

»Darf ich mal Ihre Toilette benutzen?« Natascha erkannte, dass ihre Anwesenheit wenig hilfreich war. Erst als sie den Raum verlassen hatte, erhielt Alois Schön den Namen der Straße, in der die Zeugin ihren Wagen abgestellt hatte.

»Und dann bin ich zwei Stunden durch die Läden gehetzt wegen ein paar Kleinigkeiten.«

»Glauben Sie, dass sich jemand an Sie erinnern kann?«

»Nein. Ich bin …« Katja Christ hielt plötzlich inne. »Also bitte!« Empört stemmte sie die Arme in ihre Hüften. »Brauche ich etwa …?« Ihr Gesicht wurde mit jeder Sekunde röter. »Ja, sind Sie denn völlig bescheuert? Meinen Sie wirklich …?« Sie sprang auf. »Da wird doch der Hund in der Pfanne verrückt!«

Alois Schön blieb gelassen, sprach betont ruhig: »Niemand will Sie verdächtigen, Frau Christ. Aber es würde uns sehr helfen …«

»Sie spinnen doch total!«, wurde er unterbrochen. »Anstatt sich auf die Suche nach dem Entführer meiner Sophia zu machen, sitzen Sie hier herum und beleidigen mich!«

Katja Christ ging zum Fenster und grummelte die Worte, die sie vor wenigen Momenten lautstark geäußert hatte, abermals vor sich hin.

»Frau Christ, wir sind noch nicht fertig!«

Die Zeugin jedoch hielt sich die Ohren zu. »Ach wie niedlich, die kleinen Vögelein, die da auf unserem Rasen umhertollen. Und jetzt kommt noch eine Kohlmeise zu den Spatzen hinzu. Wenn das nur Sophia sehen könnte, sie hätte ihre helle Freude daran!« Ohne die Beamten der Mordkommission zu beachten, lief sie in die Küche und holte eine Scheibe Brot, um die Vögel in ihrem Garten zu füttern.

Alois Schön erkannte, dass eine Fortsetzung der Vernehmung unmöglich war.

»Sie müssen sich bei dieser Dame ein dickes Fell zulegen«, konstatierte der Polizeiarzt, nachdem Alois Schön seine Schilderung des Verhaltens von Katja Christ beendet hatte. »Was Sie berichten, spricht für eine emotional instabile Persönlichkeitsstörung, könnte unter Umständen sogar auf eine manisch-depressive Erkrankung hindeuten.« Eindringlich sah er sich in der Runde um. »Daher dürfen Sie ihre Worte nicht zu ernst nehmen, weder ihre Avancen noch ihre Beleidigungen.«

Alle Anwesenden im Raum nickten.

»Sie sollten sich auf starke Stimmungsschwankungen einstellen«, fuhr der Mediziner fort. »Die Ausprägungen der einzelnen Phasen erscheinen mir ausgesprochen intensiv und wechseln sich – so wie Sie mir die Sachlage schildern – relativ schnell hintereinander ab.«

»Wäre sie in der Lage, ihre Tochter zu entführen?«, stellte Natascha die entscheidende Frage.

»Grundsätzlich ja«, erläuterte der Arzt, »diese Patienten können gerade in einer manischen Periode eine enorme Energie entwickeln. Insbesondere, wenn sie der Ansicht sind, dass sie etwas tun müssen!«

»Eine akribische Vorbereitung der Tat oder ein Abwarten des geeigneten Augenblicks dürfte aber eher schwierig sein, oder nicht?«, erkundigte sich Alois Schön.

»Geduld ist keine Eigenschaft, die diese Menschen auszeichnet. Eine Planung der Tat über Tage oder gar Wochen halte ich deshalb für äußerst unwahrscheinlich.«

»Als Mutter kann sie spontan agieren«, warf Julia ein, »sie weiß ja, wo sich ihr Kind befindet.«

»Zum Zeitpunkt der Tat war sie in der Stadt«, gab Natascha zu bedenken, »zumindest können wir ihr nicht das Gegenteil beweisen.«

»Sie gönnd a an Gombliezn hom. Dems des Waggerla bringd oder der für sie shobbn gehd.«

»Das setzt allerdings voraus, sie wäre in der Lage, einen ausgeklügelten Schlachtplan auszuarbeiten.« Natascha gab sich nicht so schnell geschlagen.

»Genauso könnte es sein, dass ihr irgendwer einredet, ihre Tochter müsse verschwinden. Jemand, der starken Einfluss auf sie ausübt«, meldete sich Julia erneut zu Wort.

»Das ist auch schon vorgekommen«, bestätigte der Polizeiarzt. »Aber um Genaueres sagen zu können, müsste ich die Dame sehen und wissen, wie sie medikamentös eingestellt ist.«

»Beischbillsweis ihr Mo«, griff Martin den Gedanken von Julia auf, kaum dass der Mediziner zu Ende gesprochen hatte.

»Das halte ich für wesentlich wahrscheinlicher«, stimmte Alois Schön dem Franken zu. »Den Vater und seine Aktivitäten sollten wir gründlich unter die Lupe nehmen, obwohl uns das Gesetz bei einem Anwalt nicht so viel Spielraum lässt.«

Anschließend schickte er sein Team wieder an die Arbeit.

Sophia schaute mit großen Augen in das Gesicht, das sich ihr näherte. Die Laute, die der Mund von sich gab, klangen liebevoll: »Ist die süße Hannah aufgewacht? Hat mein kleines Mädchen Hunger?« Zwei Hände packten sie zärtlich unter den Achseln, hoben sie in die Luft und setzten sie in einen Hochstuhl.

Neugierig sah sie sich im Zimmer um.

»Toll, wie schön du schon sitzen kannst!«

Auf dem Tisch vor ihr lag ein Spielzeughund, den man leicht drücken konnte. Sophia schmiss ihn zu Boden.

Die Frau hob ihn auf.

Also noch mal. Sophia lachte.

»Will meine Prinzessin etwas essen?«

Die Flasche, die man ihr gab, schmeckte lecker.

»Mensch, hast du schon viele Zähnchen! Da kannst du ja bald dasselbe wie Mama essen! Ab morgen gibt es für dich Brei!«

Anschließend wurde Sophia im Raum umhergetragen. Nach ihrem Bäuerchen wurde sie auf eine flauschige Decke gesetzt. Sofort krabbelte sie los.

Die Frau folgte ihr auf allen vieren, überholte sie links oder rechts. Ab und zu legte sie sich ihr lachend in den Weg.

Ein wenig Hilfe und Sophia hatte das Sofa, auf dem der Hund bellend auf sie wartete, bezwungen.

Zu dritt kletterten sie die Treppe zum ersten Stockwerk nach oben.

Mit einer frischen Windel machte die Erkundung des Hauses noch mehr Spaß. Andererseits war es ganz schön anstrengend. Deshalb war es nicht ungewöhnlich, dass sie in dem großen Bett mit den weichen Kissen einschlief.

Abgesehen von einigen Punkten in Flensburg für zu schnelles Fahren hatte sich Clemens Christ nicht das Geringste zuschulden kommen lassen. Ansonsten fiel Natascha bei ihren Recherchen bloß auf, dass er den Namen seiner Frau angenommen hatte.

»Natürlich kennen wir ihn, der bleibt allein wegen seiner Statur und seiner Sprache im Gedächtnis.« Der Mitarbeiter der Staatsanwaltschaft holte kurz Luft. »Wobei ich glaube, das mit dem Dialekt ist eine bewusst eingesetzte Masche von ihm«, fuhr er fort, »ich denke, er will sein Umfeld damit provozieren, vielleicht sogar manipulieren.«

»Verstehe.« Natascha nickte unwillkürlich.

»Auch sonst ist der Typ kein Sympathieträger. 100-seitige Klagebegründungen sind bei den Richtern nicht sonderlich beliebt, vor allem, wenn sie überwiegend aus Textbausteinen bestehen. Und an den Haaren herbeigezogene, rein durch das Vergütungsgesetz verursachte Berufungen erfreuen das OLG ebenfalls nicht.«

»Danke, das bestätigt meine Meinung von dem Herrn, hilft mir jedoch nicht weiter.« Enttäuscht legte Natascha den Hörer auf.

Ihr Blick fiel auf das Foto des entführten Kleinkindes. So eine süße Tochter hätte sie ebenfalls gerne. Für den Augenblick dieses Gedankens huschte ein Lächeln über ihr Gesicht.

Mit ihren Eltern hatte Sophia dagegen kein Glück gehabt. Die Mutter krank, der Vater ein richtiges Arschloch. Nataschas Miene verwandelte sich in eine grimmige Fratze. Foto, Schreibtischablage, Kugelschreiber und

Telefon mutierten zu einem nebligen Brei von Nichts. Demzufolge dauerte es einige Zeit, bis die Kommissarin wieder klar denken konnte.

Einen interessanten Hinweis hatte Natascha dann aber doch erhalten: Clemens Christ hatte vor drei Wochen die Polizei gerufen, weil ihn ein Drehbuchautor in seiner Kanzlei bedrohte.

Ohne zu zögern, rief sie den Beschuldigten an.

»Einen Moment bitte, ich hab noch ein Gespräch auf meinem Handy«, meldete sich eine weibliche Stimme.

»Du, ich muss Schluss machen, Darling, da ist jemand auf der anderen Leitung. Bestimmt nichts Wichtiges, aber man kann ja nie wissen. Also Bussi, Ciao, Ciao.«

Natascha verstand jedes Wort.

Nun wurde der Hörer ans Ohr geführt. »Wächter, Grüß Gott!«

»Grüß Gott, ich möchte gerne Peter Wächter sprechen.«

»Mein Mann ist verreist.«

»Wann kommt er zurück?«

»Wer will das wissen?«

Natascha erläuterte, dass sie von der Kriminalpolizei sei und den Ehemann wegen seines Streits mit Clemens Christ sprechen müsse.

»Was wollen Sie noch von ihm? Peter hat Ihnen doch bereits alles gesagt!«, eiferte sich die Ehefrau.

»Es haben sich neue Anhaltspunkte ergeben. Also seien Sie bitte so freundlich und sagen Sie uns, wo wir Ihren Mann erreichen können.«

»Das weiß ich nicht!«

Für einen Moment war Natascha irritiert. Alsdann wurde ihre Stimme lauter, gewann an Nachdruck: »Frau Wächter, bitte! Es ist dringend!«

»Für Notfälle habe ich seine Handynummer, die kann ich Ihnen geben.«

»Das wäre uns eine große Hilfe. Vielen Dank.«

Natascha erfuhr, dass der Autor in einem alten Kapitänshaus in Blankenese Quartier bezogen hatte. Nach Rücksprache mit Alois Schön rief sie Diana in Hamburg an. »Allein schon wegen des Umstands, dass mir Clemens Christ diesen Streit trotz meiner direkten Fragen verschwiegen hat, sollten wir ihm auf den Grund gehen«, hatte der Leiter der Mordkommission angemerkt.

Diana freute sich, ihrem alten Team Amtshilfe leisten zu dürfen. Angesichts der Tatsache, dass die Münchner wegen Entführung eines Kleinkindes ermittelten, stimmten auch ihre Vorgesetzten dem Einsatz zu.

HOLLYWOOD LÄSST GRÜSSEN

Im Erdgeschoss der Pension wohnte das Betreiberehepaar, die Gästezimmer befanden sich im oberen Stockwerk.

»Herr Wächter logiert im Westzimmer.« Die Wirtin deutete auf den Balkon rechts oben.

Diana stieg die Treppe hinauf und klopfte energisch gegen die Tür. Sie hörte, wie Schritte auf sie zukamen sowie das Geräusch der Sicherheitskette.

»Ja, bitte?« Ein unrasiertes, schmales Gesicht, umgeben von schulterlangen, aschgrauen Haaren, lugte durch den geöffneten Spalt.

»Schubert, Kripo Hamburg! Sie haben heute mit meiner Kollegin aus München telefoniert.«

»Angenehm, Wächter.« Lächelnd begutachtete der Autor Dianas Dienstausweis. »So jung und schon Oberkommissarin!«

Was sollte die Bemerkung? Wollte sich der Typ bei ihr einschleimen? Die 30-Jährige war wegen ihrer leicht angegrauten, strohigen Haare noch nie in ihrem Leben jünger geschätzt worden. Am Foto konnte es auch nicht liegen, das war alles andere als vorteilhaft. Allein schon, weil es nach ihrer Schwangerschaft aufgenommen worden war.

Peter Wächter entfernte die Kette, öffnete die Tür und bat Diana mit einer einladenden Handbewegung hinein.

So groß hatte sich die Kommissarin den Kerl nicht vorgestellt. Offenbar war er hinter der Tür in die Knie gegangen. Diana schätzte ihn auf mindestens 1,90 Meter. Ein richtiger Spargeltarzan, dessen Hose ohne Gürtel nicht halten würde.

Anschließend schloss er die Fenster und räumte den kleinen Tisch in der Ecke des Raumes frei. »Bitte nehmen Sie Platz, Frau Schubert. Oder wollen Sie mich gleich verhaften?«

Der Typ war wohl Komiker. Zwar konnte sich Diana den Zeugen allein schon aufgrund seiner Statur als ehemaligen Klassenclown gut vorstellen, doch in diesem Fall gab es ihrer Meinung nach nichts zu lachen. Schließlich war das entführte Mädchen nur wenig älter als ihr Felix. Aber gerade deshalb musste sie professionell agieren.

»Wenn dann nur festnehmen«, erwiderte sie freundlich, »einen Haftbefehl überreicht Ihnen der Richter höchstpersönlich. Momentan will ich mich mit Ihnen allerdings nur unterhalten.«

»Ich sagte bereits zu Ihrer Kollegin, dass ich nicht wusste, dass der Typ eine Tochter hat.« Peter Wächter rückte seinen Stuhl ein paar Zentimeter nach hinten, bevor er sich hinsetzte. »Das arme Kind, wir können nur hoffen, dass es nach der Mutter gerät. Dass es nicht so ein gefühlskaltes, egoistisches Monster wie sein Vater wird.«

Meinte der Bursche das ernst? Was sollte dieses Theater? Diana hatte Mühe, sich zu beherrschen. »Sagen Sie mal, Herr Wächter, hat man Ihnen nicht gesagt, worum es geht?«, stellte sie bewusst eine Frage, deren Antwort sie bereits kannte.

»Doch schon, natürlich. Das Mädchen dieses bescheuerten Anwalts wurde entführt.«

»Richtig, Herr Wächter, die Tochter des Mannes, den Sie bedroht haben. Was bedeutet …«

»Das ist nicht Ihr Ernst!«, unterbrach Peter Wächter die Oberkommissarin. Fassungslos starrte er sie an. »Ich entführ' doch kein unschuldiges Kind! Abgesehen davon war ich zu diesem Zeitpunkt längst in Hamburg.«

Diana überlegte, woher der Autor wissen könnte, wann Sophia Christ entführt wurde. Von Natascha? Eher nicht. »Seit wann sind Sie denn schon in Hamburg?«

»Seit Samstag.«

Okay, das passte. »Und warum wusste Ihre Frau nicht, wo Sie wohnen?«

»Bitte was? … Ach so, jetzt verstehe ich.« Dianas Frage brachte Peter Wächter nur für wenige Sekunden aus dem Konzept. Anschließend erläuterte er unverkrampft, dass die Entscheidung, am Samstag nach Hamburg zu fahren, sehr kurzfristig gefallen sei. Die Pension habe er sich vor Ort gesucht. Weshalb er seine Frau nicht nach seiner Ankunft angerufen habe? »Sagen wir einfach, ich hätte es vergessen«, beendete er seine Erläuterungen.

Eine Antwort, die Diana nicht zufriedenstellte. »Und was haben Sie gestern gemacht?«, wollte sie deshalb wissen.

»Gearbeitet. Ich habe dieses Zimmer und seinen Balkon den ganzen Tag nicht verlassen.«

»Das heißt, Sie haben kein Alibi.«

Peter Wächter hob die Augenbrauen und zog den rechten Mundwinkel nach oben. »Brauche ich so was?« Seine Stimme klang verächtlich.

»Natürlich«, antwortete Diana ruhig, »für die Entführung von Sophia Christ!«

Der Autor senkte den Blick Richtung Boden und schüttelte den Kopf: »Wollen Sie ernsthaft behaupten, ich wäre am Samstag nach Hamburg gereist, hätte hier eingecheckt und wäre am nächsten Tag zurück nach München, um ein Kleinkind, das ich noch nie im Leben gesehen habe, zu kidnappen?« Er schlug sich mit der flachen Hand gegen die Stirn, bevor er Diana fragend ansah. »Wenn ich dergleichen vorgehabt hätte, wäre es doch viel klüger gewesen, nur bis Nürnberg, Würzburg oder Frankfurt zu fahren.« Nach einer weiteren Pause fuhr er voller Sarkasmus fort: »Sie können das Zimmer gerne durchsuchen, Frau Oberkommissarin. Aber vergessen Sie nicht, unter dem Bett und bei meinen Angelsachen nachzuschauen.« Spöttisch grinsend deutete er auf eine Angelrute samt Transportbox in der Ecke. »Den Eimer mit den Ködern würde ich ganz besonders unter die Lupe nehmen – und vergessen Sie nicht die Toilette und den Müllcontainer der Pension.«

Einen Moment lang überlegte Diana, ob sie Peter Wächter festnehmen solle. Als Reaktion auf sein unverschämtes Verhalten, als erzieherische Maßnahme sozusagen. Verdient hätte er es auf jeden Fall, und die Kollegen wären innerhalb von zwei Minuten da. Der kleinen Sophia dagegen würde es eher schaden, wenn man den

Kerl einsperrte. Deshalb erkundigte sie sich betont gelassen: »Warum haben Sie sich eigentlich von Herrn Christ vertreten lassen, wenn er Ihnen so unsympathisch ist?«

Peter Wächter schlug die Beine locker übereinander, dachte kurz nach. »Beim Erstgespräch wirkte der Herr Anwalt auf mich ausgesprochen kompetent und seine Kanzlei erweckte gleichfalls den Eindruck, dass sie floriert. Deswegen war ich zu Anfang der Ansicht, in besten Händen zu sein.«

»Was sollte Herr Christ für Sie erreichen?«

Der Autor blies Luft aus den Nasenlöchern, bevor er seine Stimme erhob: »Ich hatte mich Ende der 90er an einem geschlossenen Immobilienfonds beteiligt. Zu Anfang lief es ganz gut, es gab sogar Ausschüttungen. Bis der Hauptmieter pleiteging und der Initiator ebenfalls Insolvenz anmeldete, weil er die Mietgarantiezahlungen nicht leisten konnte.« Er stellte seine Füße nebeneinander auf den Boden. »Im November letzten Jahres lag ein Schreiben der Kanzlei dieses Winkeladvokaten in meinem Briefkasten. Darin wurde behauptet, man könne sich gegen die Rückforderung der Ausschüttungen durch den Insolvenzverwalter wehren. Ebenso würde man unverbindlich und kostenlos prüfen, ob ich meinen Vermittler verklagen könne. Dazu müsse ich nur den beiliegenden Fragebogen ausfüllen und zurückschicken.« Er runzelte die Stirn. »Die Erfolgsaussichten wurden in meinem Fall als sehr gut bezeichnet, und demzufolge habe ich der Kanzlei von Herrn Christ das Mandat erteilt.«

»Was offenbar nicht stimmte.« Diana hatte zwar nur die Hälfte des Gesagten verstanden, konnte sich jedoch einen Streit zwischen Mandant und Anwalt nicht anders erklären.

»So kann man es auch nennen«, erwiderte Peter Wächter mit zynischem Grinsen, »ich würde eher sagen, der Typ hat all seine Mandanten belogen und verarscht!« Er atmete schnell. »Wir sind mit fliegenden Fahnen untergegangen, aber der Herr Staranwalt hat seinen Reibach gemacht.« Innerhalb von Sekunden nahm sein Teint eine rötliche Farbe an. »Wobei Herr Christ nur die Rechnung unterschrieben hat. Als Rechtsbeistand hat er mir so einen jungen Grünschnabel, der frisch von der Uni kam, zugeteilt.« Sein Kopf wurde mit jedem Satz röter. »Als ich ihn darauf ansprach, meinte er nur, er könne sich bei 1.000 Fällen allein bei diesem Initiator nicht um jeden Mandanten persönlich kümmern.«

»Und deswegen haben Sie sich so aufgeführt, dass er die Polizei gerufen hat?«

»Natürlich nicht, Frau Kommissarin.« Peter Wächter schien sich zu beruhigen. »Aber Sie müssen wissen, Frau Schubert, ich habe keine Rechtsschutzversicherung, die die Kosten eines Rechtsstreits bei Kapitalanlagen übernimmt«, erläuterte er nüchtern und sachlich. »Dennoch hat mich dieser geldgierige Sack am Telefon belabert, ich müsse unbedingt Berufung gegen das Urteil des Landgerichts einlegen. Es sei völlig normal, dass solche Prozesse erst durch das Oberlandesgericht zugunsten der Anleger entschieden würden. Und obwohl die zuständige Kammer die Berufung schon im schriftlichen Verfahren abgeschmettert hat, schrieb er mir eine weitere happige Rechnung. Und der gegnerische Anwalt genauso!«

»Verstehe.« Diana sah den Zeugen fragend an. »Ging es um viel Geld?« Sie wählte bewusst eine vage Formulierung, weil darunter jeder etwas anderes verstand.

»Für mich schon«, erwiderte Peter Wächter relativ gefasst, »vor allem, wenn man bedenkt, dass ich in den letzten Jahren nicht mehr so gut verdiene.« Er verharrte einen Moment in seinen Gedanken, bevor er mit den Händen gestikulierend weitersprach: »Nicht nur, dass ein großer Teil meiner Altersvorsorge wertlos ist … und ich das Darlehen weiter bedienen muss.« Nun fuchtelte er darüber hinaus mit den Armen. »Jetzt kommen auch noch die verdammten Anwaltsrechnungen hinzu!«

Für Diana stand fest: Peter Wächters Verhalten sprach gegen ihn. In ihren Augen hatte er ausreichend Gründe, Sophia Christ zu entführen. »Daraufhin haben Sie Herrn Christ persönlich aufgesucht«, erkundigte sie sich in ruhigem Tonfall.

»Richtig. Ich bin in seine Kanzlei, an der Sekretärin vorbei, direkt in sein Büro.«

»Und wenn er im Gespräch gewesen wäre? Oder gar nicht da?«

»Keine Ahnung.« Peter Wächter überlegte kurz, machte eine wegwerfende Handbewegung. »Ist auch egal, er saß an seinem Schreibtisch und war allein.« Er holte tief Luft, bevor er emotionslos weitersprach: »Ich habe den Drecksjuristen angeschrien und ihm mit einem Handstreich die Deko abgeräumt. Dabei sind ein paar Dinge zu Bruch gegangen.«

»Das, was Sie mir hier beschreiben, klingt eher harmlos.« Diana sah den Autor mit ernstem Blick an. »Unter Bedrohung versteht die Staatsanwaltschaft im Allgemeinen etwas anderes.«

Peter Wächter verschränkte die Arme vor seiner Brust und dachte nach. »Kann schon sein, dass ich gesagt habe, er solle Obacht geben, mir nicht nachts im Dunkeln zu begegnen«, grummelte er vor sich hin.

Als die Oberkommissarin weiterhin keine Miene verzog, ihn regelrecht anstarrte, fügte er hinzu: »Vielleicht habe ich auch gebrüllt, er möge gut auf seine Frau aufpassen!« Dann sprang er auf. »Aber ich entführe doch kein unschuldiges Kind!«, wiederholte er sichtlich erregt. »Das mit seiner Frau habe ich doch nur aus Wut geschrien …, um den Kerl einzuschüchtern! … Abgesehen davon wusste ich ja gar nicht, dass der Typ eine Tochter hat!«

Anschließend setzte er sich wieder hin.

Diana gönnte dem Zeugen eine Pause, bevor sie ihn betont ruhig fragte: »Wie hat Herr Christ reagiert?«

Tiefes Einatmen, ein leichtes Verdrehen der Augen, lautes Ausatmen. Peter Wächter schien sich zu beruhigen. »Er blieb relativ cool. Er ist aufgestanden, um den Schreibtisch gegangen und hat sich in seiner ganzen Kürze vor mir aufgebaut. Abgesehen davon, dass er zwei Mal auf die Zehenspitzen ging, um nicht ganz so klein zu wirken, blieb er extrem ruhig. Er wurde nicht einmal laut, sondern forderte lediglich mit fester Stimme, ich solle seine Rechnung innerhalb von drei Tagen bezahlen. Ansonsten würde er mich verklagen. Außerdem erteile er mir mit sofortiger Wirkung Hausverbot. Und natürlich müsse ich ihm den angerichteten Schaden ersetzen. Über diese Forderung bekäme ich ein separates Schreiben.«

»Das ist in der Tat sehr nüchtern und sachlich.«

»Richtig, Frau Schubert, das sehe ich auch so.« Peter Wächter verharrte für einen Moment in sich gekehrt, ehe er in den leeren Raum starrend weitersprach: »Ich hatte den Eindruck, der Kerl hat diese Situation nicht zum ersten Mal erlebt.«

Diana beschloss, das Thema zu wechseln: »Was ist eigentlich der Grund für Ihre Reise nach Blankenese? Urlaub?«

»Nein, Frau Kommissarin, rein geschäftlich.« Der Autor setzte sich aufrecht hin. »Ich habe nächste Woche Donnerstag einen wichtigen Termin in Hamburg. Es geht um das Drehbuch für einen neuen Film, mehr darf ich nicht verraten.«

»Und deswegen sind Sie bereits letzten Samstag angereist?« »Korrekt, Frau Kommissarin. Ich wollte mich in aller Ruhe auf dieses Gespräch vorbereiten.« Seine Gesichtszüge entspannten sich. »Wissen Sie, es gab da ein paar Stellen im Skript, mit denen ich nicht zufrieden war. Tagelang habe ich mir das Hirn zermartert, wie man die Dialoge verbessern könnte. Aber mir fiel nichts ein, was mich zufriedenstellte. Daher hoffte ich, dass mir beim Angeln der rettende Gedanke käme.« Peter Wächter schlug die Beine übereinander. »Fabienne kennt das, die stört das schon lange nicht mehr.« Selbstbewusst, mit einem Blick, als könne er keiner Fliege etwas zuleide tun, sah er die Oberkommissarin an. »Und deshalb hat sie sich auch nicht gegen meine Entscheidung gewehrt.«

Woraufhin sich Diana entschloss, die Befragung zu beenden. Peter Wächter hatte ihr mehr Informationen geliefert, als sie erwartet hatte. Und für den Fall, dass er in die Entführung verwickelt war, sollte man ihm Zeit geben, sich um das kleine Mädchen zu kümmern. Am sinnvollsten wäre es, den Typ beschatten zu lassen.

Sie nahm ihren Block, stand auf und ging zur Tür: »Hier ist meine Karte. Bitte informieren Sie mich, wenn Sie Hamburg verlassen.«

»Mit dem größten Vergnügen, Frau Oberkommissarin.«

Diana wünschte dem Autor viel Erfolg mit seinem Drehbuch und stieg die Treppe hinunter. Sie beeilte sich, noch vor Einsetzen des Feierabendverkehrs wieder in ihrem Büro zu sein.

VATERFREUDEN

Als Alois Schön am Abend nach Hause kam, glühte bereits die Kohle im Grill. »Das ist doch Männerarbeit!«, beanstandete er augenzwinkernd. Anschließend drückte er Beate einen dicken Kuss auf die Lippen.

»Wer ko, der ko«, erwiderte diese selbstbewusst grinsend, »hättest dir halt ein weniger emanzipiertes Gspusi angelacht. Abgesehen davon …« Ihre Unterlippe schob sich nach vorne und bildete einen Schmollmund. »Bis du anfängst, bin ich ja halb verhungert! Also zieh dich schnell um, ich leg derweil die Forellen auf den Rost.«

Als er zurückkam, standen auch Salat, Brot und zwei von Beate selbst gemachte Soßen, ein Mango-Barbecue-Dressing sowie ein Kräuter-Sauerrahm-Dip, auf dem Tisch. Sogar sein Weißbierglas war ordnungsgemäß gefüllt.

Es war der Himmel auf Erden: Sonne im Garten, Schatten unter der Markise, dazu ein vorzügliches Essen. Zufrieden streckte Alois Schön die Beine von sich, verschränkte die Arme hinter dem Kopf. Sie hatten lange gesucht, bis sie endlich ihr Traumhaus gefunden hatten. Ein Reiheneckhaus am westlichen Münchner Stadtrand, in ruhiger Lage und dennoch nur drei Minuten zur S-Bahn. Ein Energiesparhaus in Ziegelbauweise mit einer Solaranlage auf dem Dach. Küche, Wohn- und Esszimmer, Abstellraum und WC im Erdgeschoss, oben zwei große Zimmer, ein komfortables Bad und ein kleines Büro. Des Weiteren ein Hobbyraum im Keller und der Speicher als Rumpelkammer. Alles war perfekt: Ende Mai waren sämtliche Umzugskartons ausgepackt, seit Mitte Juni standen auch die neu bestellten Möbel an ihrem Platz. Der Garten – ein Genuss für seine Augen. Wobei das Blütenmeer allein Beates Verdienst war. Abgesehen vom Mähen des Rasens handelte der Hausherr in diesem Bereich nur auf Anweisung.

Sie hatten gerade den Tisch abgeräumt, als das Telefon klingelte.

»Sag deinen Leichen, du hast Feierabend!«

»Mach ich, Spatzl.« Alois Schön beeilte sich, ins Wohnzimmer zu kommen.

»Es ist Frederik!«, rief er Beate auf der Terrasse zu.

Deren Mimik hellte sich auf. »Grüß ihn von mir.«

Dagegen wurden die Gesichtszüge des Vaters immer ernster. »Was soll ich? Dich abholen?«

»Ja, und zwar sofort. Mama nervt nur noch und ist total uncool! Sie erlaubt mir gar nichts, und deswegen habe ich beschlossen, zu dir zu ziehen.«

»Und was sagt deine Mutter dazu?«

»Das is mir wurscht.«

»Bist du dir überhaupt über die Folgen im Klaren? Du musst morgens früher aufstehen, um pünktlich in der Schule zu sein, und deine Freunde wohnen auch viel weiter weg.«

»Mit denen kann ich nach dem Unterricht chillen, da bist du ja eh noch in der Arbeit. Und das andere is mir egal. Hauptsache, es is nicht so ätzend wie hier.«

Alois Schön atmete tief durch. Er freute sich jedes Mal, wenn Frederik ihn besuchte. Aber wie es wäre, wenn sein Sohn bei ihm lebte, darüber hatte er sich noch nie Gedanken gemacht. »Gibst du mir bitte mal deine Mutter?«

»Wenn's unbedingt sein muss.«

Der Vater konnte sich das Gesicht des Juniors genau vorstellen.

»Aber mein Entschluss steht fest, also komm und hol mich ab!«, drang Frederiks Stimme an seine Ohren, bevor sich die Ex-Frau meldete.

Zu seiner großen Überraschung hatte diese keine Einwände gegen Frederiks Pläne. So sähe er endlich, wie viele Mühen sie tagtäglich auf sich nähme, während er sich ein tolles Leben mache. Wie schwierig die ständigen Diskussionen mit einem Zwölfjährigen seien. Das sei etwas völlig anderes, als wenn Frederik alle zwei Wochen zu ihm zu Besuch käme. Von nun an müsse er ihm alles hinterherräumen und die ganzen Verbote aussprechen. Und sie habe wieder Zeit für sich, zum Leben und um auszugehen.

»Also gut, Sportsfreund.« Die Mutter hatte das Telefon an Frederik zurückgereicht. »Pack deine Schulsachen und die Klamotten, die du bis Samstag benötigst. Dann holen wir den Rest.«

»Erzähl mal, was passiert ist«, erkundigte sich Beate, nachdem sie Frederik zwei Wiener und einen Käseknacker serviert hatte. Mehr hatte der Kühlschrank nicht hergegeben. »Ist nicht so wichtig.« Der Junge griff nach der Ketchupflasche. »Was is denn das für ›ne Sorte?«

»Eine, die ich gekauft habe«, erwiderte Alois Schön, bevor er den Sohnemann eindringlich ansah. »Mich interessiert auch, was los war. Wir haben ein Recht, es zu erfahren!«

»Später, jetzt ess ich erst mal«, entgegnete Frederik. »Ich muss ja noch wachsen!« Dabei war er mit seinen knapp 1,70 Meter bereits einen halben Kopf größer als Beate.

Die beiden Erwachsenen sahen sich erstaunt an. Aber sie ließen den Junior gewähren, bis er den letzten Wurstzipfel aufgegessen hatte.

»Sie meckert nur noch rum und nervt völlig! Außerdem spioniert sie mir ständig hinterher.« Frederik verdrehte die Augen und gestikulierte mit seinen schlaksigen Armen in der Luft. »Das ist voll peinlich, wenn sie mich alle zehn Minuten anpeilt, wann ich nach Hause komme.« Er schaute auf seinen Teller, danach in den Garten. »Ich darf keine coolen Computerspiele runterladen, und wenn ich abends die S-Bahn verpasse, gibt's richtig Stress.«

Alois Schön sah den Zwölfjährigen an. »Ja, glaubst du etwa, es gibt bei uns keine Regeln? Abgesehen von der Nerverei per WhatsApp stimme ich deiner Mutter absolut zu. Auch ich möchte wissen, wo und mit wem du dich rumtreibst und erwarte von dir eine Nachricht, wenn es mal später wird.«

Beate nickte. Mehr wollte sie zu der Diskussion zwischen Vater und Sohn nicht beitragen.

»Apropos Regeln, hast du deine Hausaufgaben gemacht?«

»Nur das, was ich konnte. Den Rest erledige ich morgen in der Pause.«

»Du meinst, du schreibst es von einem Kumpel ab.«

Frederik zuckte mit den Achseln.

»Was hältst du davon, wenn wir es zusammen probieren?«

»Gar nichts. Der Mathe-Scheiß turnt mich voll ab.«

»Los, hol deine Sachen, wir schaffen das!« Der leichte Befehlston genügte, damit der Junior gehorchte. Mit Beates Hilfe gelang es Alois Schön, dem Sohnemann den Lösungsweg zu erklären. »Siehst du, war doch gar nicht so schwer. Jetzt hast du morgen mehr Zeit zum Ratschen oder was auch immer du da treibst.«

Frederik grinste, behielt jedoch seine Gedanken für sich.

»Aber nun ab ins Bett, du musst früh raus! Beate und ich sprengen noch den Garten und gehen dann auch.«

Am Mittwochmorgen erhielt Alois Schön den Bericht der Spurensicherung. Zwar hatten die Spezialisten ein Haar in der Wiese gefunden, doch leider war dessen DNA nicht in den Computern der Polizei gespeichert.

Die Befragung der Nachbarn der Familie Christ hatte ebenfalls keine brauchbaren Informationen geliefert. Gleiches galt für die Gespräche mit den Jugendlichen, die in Anwesenheit des Sozialarbeiters geführt wurden. Man träfe sich immer nur abends, wenn der Kindergarten schon zu sei. Tagsüber sei man in der Schule, bei der Arbeit oder zu Hause beim Chillen und Onlinegaming. Demzufolge konnten die Ermittler nur hoffen, dass die bundesweite Fahndung bald Ergebnisse liefern würde.

Mit düsterem Blick kreiste er mit dem Löffel in seiner Kaffeetasse. Im Vergleich zu diesem Fall schien die Aufklärung eines Mordes ein Kinderspiel. Unumstößliche Fakten, ein in der Regel leicht einzugrenzender Täterkreis sowie eine klare Beweisführung mittels moderner Techniken bildeten bei Tötungsdelikten die Grundlage für schnelle Erfolge. Im Normalfall waren die Täter nach zwei bis drei Tagen gefasst. Aber hier? Allein die Tatsache, dass sich die Kidnapper nach 48 Stunden noch nicht gemeldet hatten, zehrte an den Nerven. Dazu die Überlegung, ob man wirklich alles getan hatte, um das Opfer zu retten. Bei Mord oder Totschlag konnte man dessen Lage nicht mehr verschlechtern, bei Entführungen schon. Ganz abgesehen von dem Umstand, dass es um das Leben eines unschuldigen Kleinkindes ging. Umso mehr galt es, engagiert weiterzuarbeiten.

»Wolltest du mich überraschen und zum Essen einladen?«, begrüßte Katja Christ freudestrahlend ihren Mann, als dieser am späten Vormittag unerwartet nach Hause kam.

»I bin noch satt vom Frühstück«, erwiderte dieser und marschierte schnurstracks in sein Arbeitszimmer. Er setzte sich an seinen Schreibtisch und starrte auf den Umschlag, den er gerade aus dem Briefkasten gefischt hatte. Ohne Absender, wie angekündigt. Er öffnete ihn mit einem Brieföffner und schaute hinein.

»Oiso guad«, grummelte er, »die erste Runde geht an di.«

Kurz darauf erschien seine Frau im Zimmer. »Was ist los, Clemens? Kann ich dich aufmuntern?« Liebevoll strich sie ihm über die Glatze, lockerte von hinten seine Krawatte.

»Naa.«

»Ich habe dir noch gar nicht meine neue Wäsche vorgeführt!« Lustvoll küsste sie ihn seitlich am Nacken.

Der Ehemann reagierte trotzdem nicht. Stattdessen versuchte er, das Kuvert in seinem Aktenkoffer verschwinden zu lassen.

»Was ist das?«

»Der Brief von einer Mandantin.« Sichtbar erregt, mit hochrotem Kopf, stopfte Clemens Christ das Schreiben in seine Aktentasche. »Die depperte Henna is z' bläd, dass s' die richtige Adress auf'n Umschlag schreibt.« Anschließend drehte er seinen Bürosessel um etwa 60 Grad. »Un wegen dera muass i no an Tag friahra nach Hamburg auffe!«

»Ich könnte dich begleiten.« Erwartungsvoll strahlte Katja Christ ihren Mann an.

Doch der stand auf und schob sie zur Seite. »Des hod ma grod noch gfehlt!« Er nahm seine Mappe und marschierte aus dem Zimmer.

»Wo willst du denn hin?«

»Packen.«

»Kommst du denn heute Abend nicht mehr nach Hause?«

»Naa.« Während Clemens Christ seine Sachen zusammensuchte, zog sich Katja Christ um. In Highheels,

String-Tanga und BH erschien sie im Schlafzimmer. »Ein halbes Stündchen hast du doch bestimmt noch Zeit.«

Der Ehemann verstaute die letzten Utensilien in seinem Koffer und schloss dessen Deckel. Erst jetzt sah er seine Frau an. »Host du ned zuaghört? Mia pressiert's!«

»Gut, dann beeile ich mich. Zehn Minuten, du wirst es nicht bereuen. Danach bist du garantiert viel entspannter!« Katja Christ beugte sich nach vorne. »Schau mal, so kommt mein Busen richtig schön zur Geltung.«

Dennoch nahm Clemens Christ Trolley und Aktenmappe und zog die Haustür hinter sich zu.

Einige Stunden später freute sich Alois Schön, früher als gewohnt Feierabend machen zu können. Er wollte ein guter Vater sein und Frederik nicht so lange alleine lassen. Beate ging mittwochs immer nach Thalkirchen zum Klettern. Eine Sportart, die für ihn nicht nur wegen seiner Höhenangst ungeeignet war. Er ging lieber joggen oder spielte Fußball, um in Form zu bleiben und den 85 Kilo auf der Waage nicht zu nahe zu kommen. Bei einer Größe von knapp 1,80 Meter war er sicherlich nicht dick, aber mit Mitte 40 nahm man leichter zu als in jungen Jahren. Es sein denn, man war ein Typ wie Beate, die essen konnte, was sie wollte, und trotzdem schlank blieb.

»Hallo, Frederik!« Diese Ruhe hatte er nicht erwartet. Jemand zu Hause?«

Keine Antwort.

Vermutlich hörte der Junge Musik mit Kopfhörern. Alois Schön stellte seine Aktentasche in die Garderobe und stieg die Treppe nach oben. Er klopfte an der Tür des Sohnes und wartete einen Moment, bis er das Zimmer betrat.

Es war leer.

Frederik erschrak, als der Vater in der Küche erschien. Er war gerade dabei, die Tiefkühlfächer des Kühlschranks zu durchsuchen. Zwei Gläser mit Cola standen bereits auf der Arbeitsplatte, daneben eine halbe Zitrone.

»Haben wir Eis? Außerdem brauche ich Strohhalme.«

»Eis für eure Drinks oder zum Essen?« Alois Schön vermied es, auf die fehlende Begrüßung einzugehen. Er hatte keine Lust, den autoritären Vater heraushängen zu lassen. Obwohl er sich über ein »Hi Dad« sehr gefreut hätte.

»Beides wär cool.«

»Eiswürfel sind in der zweiten Schublade, und im untersten Fach sollte noch Fürst-Pückler-Eis sein. Sofern du und dein Kumpel das mögen.«

»Magst du Eis?«, rief Frederik in den Garten. »Schokolade, Vanille, Erdbeere«, las er von der Packung ab, »alles in einem.«

»Is gebongt. Aber erst musst du mir den Rücken eincremen, ich krieg sonst noch 'nen Sonnenbrand.«

Alois Schön stutzte. Die Stimme aus dem Garten war unverkennbar weiblich.

»Ihre Cola, Madam. Ich stell sie hier auf den Tisch!«

»Danke, my dear.« Mitten im Rasen lag ein junges Mädchen auf einem Handtuch. Bekleidet mit Sonnenbrille und Kappe sowie einem Bikini, dessen Schnur am Rücken sie bereits gelöst hatte.

»And now …« Frederik lief zu ihr und schüttelte die Flasche mit der Sonnenlotion.

»Willst du mir deinen Gast nicht vorstellen?« Alois Schön stand auf der Terrasse und stemmte die Hände in die Hüften.

»Na klar, das ist Vanessa. Vanessa – das ist mein Dad.«

Das Mädchen blieb liegen, bis Frederik die Sonnencreme vollständig einmassiert hatte. Immerhin drehte sie den Kopf Richtung Haus und hob die rechte Hand in die Höhe: »Hallo, Herr Schön.«

»Fertig.« Frederik gab seiner Freundin einen Klaps auf den Po.

»Autsch!« Vanessa erhob sich, rückte die Sonnenbrille zurecht und band den Bikini ordentlich zusammen. Dann ging sie auf die Terrasse, um Alois Schön die Hand zu schütteln.

Mein Sohn hat einen echt guten Geschmack, stellte dieser im Stillen fest. Ganz der Vater. Er lächelte kurz. Musterte die Schülerin von oben bis unten. Aber die ist doch mindestens zwei, eher drei Jahre älter! Sofort wurde sein Blick wieder ernst.

Vanessa griff nach ihrer Cola. »Frederik hat mir erzählt, dass er jetzt bei Ihnen wohnt. Und dass Sie eine voll geile Hütte besitzen. Er hat nicht zu viel versprochen, Ihr Garten ist echt der Hammer. Kann gut sein, dass wir uns in Zukunft öfter sehen.«

Alois Schön wusste nicht, was er sagen sollte. Was selten vorkam.

»Natürlich helfe ich Ihrem Jungen bei den Hausaufgaben.« Sie zog Frederik zu sich heran und legte ihren Arm um ihn.

»Das würde ich sehr begrüßen«, erwiderte der Vater hocherfreut.

»Auch sonst müssen Sie sich überhaupt keine Sorgen machen.«

Mehr als ein ironisches »soso« kam dem Hausherrn nicht über die Lippen.

Die Kleine sah Frederik grinsend an. »Keine Angst, ich nehme die Pille!«

Nun war Alois Schön endgültig sprachlos.

»Sie hat nämlich einen 16-jährigen Freund!«, ergänzte der Sohn. Dann prusteten er und Vanessa los.

Der Vater machte gute Miene zum offenbar lustigen Spiel und servierte den beiden das Eis. Sie unterhielten sich lange auf der Terrasse, und später brachten sie die Freundin nach Hause.

VERSCHOLLEN

Wie angekündigt, war Clemens Christ in der Nacht direkt von der Kanzlei nach Hamburg gefahren.

Respekt. Für einen Moment stand ihm der Mund sperrangelweit offen. Kurzer Rock, Sandalen mit hohen Absätzen, die linke Hand lässig in der Tasche eines luftigen Sommermantels. Wos für a Hos. Intuitiv schnalzte er mit der Zunge. Er fuhr auf den Parkplatz des deutschen Maler- und Lackierer-Museums, stellte sich neben einen Kombi und ließ die Fensterscheibe der Beifahrertür hinunter.

»Grüß Gott, junge Frau, san da alle Madl so fesch wia Sie?«

Sie lächelte. »Erkennst du endlich, was du an mir hast?« Dann griff sie nach seinem Handy, das ausgeschaltet auf dem Beifahrersitz lag, und steckte es in ihre Manteltasche. »Ebenso freut es mich, dass du meine Ratschläge befolgst.« Im Gegensatz zum Gesäusel davor klang dieser Satz zynisch. Es schien, als ob sich eine willige Escortdame von einer Sekunde auf die andere in eine gebieterische, alles unterwerfende Domina verwandelt hatte.

Clemens Christ zog die Stirn in Falten. Aus seiner Sicht war das völlig überzogen. Aber gut, wenn sie meint. »Wo is d' Sophia?«, erkundigte er sich freundlich.

»Zu Hause. Oder wie ihr Bayern sagt: dahoam.«

»Und wer passt auf sie auf?«

»Der liebe Gott?«

Dem Vater stockte der Atem. Doch dann hörte er: »Ich wollte unseren Liebling nicht wecken, Clemens. Aber du hast recht, wir sollten uns beeilen. Nicht dass sie aufwacht und schreit, weil wir nicht bei ihr sind.«

Sie drehte sich um und stöckelte in die entgegengesetzte Richtung. »Los komm, wir nehmen meinen Wagen! Du kannst da stehen bleiben, die haben heute geschlossen.«

Ohne zurückzuschauen, stieg sie in ihr Auto, das sie an der Bushaltestelle geparkt hatte.

Es dauerte einen Moment, bis Clemens Christ die Situation verinnerlicht hatte. Dann schnappte er sich sein Gepäck und rannte hinterher.

»Du musst hinten einsteigen, neben mir ist besetzt.« Sie lächelte durch das halb geöffnete Fenster, während sie den Motor startete.

Sophia schlief friedlich auf dem Beifahrersitz.

»Und vergiss nicht, dich anzuschnallen!«

Wortlos setzte sich der Vater hinter den Fahrersitz. Obwohl ihm so manche Einlassung auf der Zunge klebte. Aber sein Engel durfte auf keinen Fall geweckt werden.

Dann gab sie Gas. Häuser und Bäume rauschten an ihnen vorbei. Die ganze Fahrt über betrachtete Clemens Christ seine Sophia. Er konnte seine Augen nicht von ihr abwenden, erfreute sich an ihrem Duft und ihrem Anblick. An der Mischung aus Nivea-Creme und Baby-Shampoo. Wie sie träumte, im Schlaf lächelte und wie sie ab und zu ihren süßen Mund spitzte. Seine Kleine zog ihn so sehr in ihren Bann, dass er gar nicht mitbekam, wohin die Reise ging. Dass sich das Garagentor vollständig geschlossen hatte.

Erst als sie seinen Liebling samt Kindersitz ins Haus trug, versuchte er, ebenfalls auszusteigen.

»Entschuldige Honey, die Kindersicherung – das hatte ich völlig vergessen. Ich komme gleich.«

»Willst du sie wecken?«, erkundigte sie sich, als sie beide im Wohnzimmer vor dem Maxi-Cosi standen.

»Lass sie mich wenigstens auf den Arm nehmen«, flüsterte Clemens Christ, während er sich an die Seite seiner Tochter kniete. Behutsam öffnete er den Verschluss des Gurtes und schob vorsichtig erst seine Hand, dann seinen Arm unter ihren Rücken. Strahlend trug er sie im Zimmer umher. Ein Raum mit einem schmalen Fenster, aus dem man nur Wiese und Bäume sah. Und rechts die Mauer der Garage. Der Rasen war ordentlich gemäht, jedoch ziemlich vertrocknet. Kein Wunder bei der Sommerhitze.

Sophia strahlte, als sie ihren Vater erblickte. Sie gluckste, als er sie mit entsprechenden Geräuschen untermalt wie einen Flieger durch die Luft jagte. Sie kicherte, als er sie nach der Landung auf dem Sofa liebkoste. Und sie lachte, als er seine Nase an ihr rieb und ihr geräuschvoll zeigte, wie man richtig küsst.

»Du scheinst ja ein ganz toller Daddy zu sein, Clemens«, wurde er gelobt, als sie im Zimmer erschien. »So zärtlich und liebevoll. Das hätte ich dem Herrn Anwalt gar nicht zugetraut.«

»I bin halt flexibel«, erwiderte er ohne aufzuschauen. »Bei mir kriagt jeder des, wos er verdient!«

Woraufhin ihr Lächeln für einen Moment gefror. Doch schon nach wenigen Sekunden erkundigte sie sich freundlich: »Hast du Hunger? Oder Durst?«

»A Bier wär ned schlecht«, keuchte der Vater, »rumtoben macht durstig!«

»Wenn man euch zwei so sieht, wird man richtig neidisch. Aber sei so gut und gib acht, dass Hannah nicht schlecht wird.«

»Mach doch mit!« Clemens Christ lächelte.

»Ich hol dir erst einmal etwas zu trinken und bring deine Sachen nach oben. Ein Holsten wird dir bestimmt guttun. Nicht, dass dich die Kräfte verlassen, während du mit Hannah rumräuberst.«

Zehn Minuten später stellte sie einen Maßkrug auf den Tisch. »Hier, ein Andenken vom Oktoberfest!« Anschließend trat sie drei Schritte zurück, um der Toberei von Vater und Tochter zuzusehen. Lässig an den Türrahmen gelehnt, erkundigte sie sich: »Wie sind nun deine Pläne, Clemens?«

»Schmatz ma heid auf d' Nacht. Jetzt muass i mit der Sophia spuin!«

»Du meinst Hannah!«, grummelte sie in sich hinein. Wortlos drehte sie sich um und ließ die beiden allein.

Da sich die Entführer auch am Donnerstag nicht gemeldet hatten, waren die Nerven der Münchner Ermittler nach wie vor angespannt. Immerhin erfuhr Julia durch ihren Anruf bei Katja Christ, dass der Ehemann einen Tag früher als geplant nach Hamburg gereist war. Die Tatsache jedoch, dass seine Kanzlei den Namen des Klienten nicht herausgeben wollte, der Staatsanwalt ebenfalls keine Veranlassung für weitere Maßnahmen sah und sie am Hamburger Gericht niemanden mehr erreichte, verschlechterte ihre Laune allerdings erheblich.

»Deng bosidiv«, versuchte Martin die Kollegin aufzuheitern, als diese dem Team die Neuigkeiten mitteilte. »Vermudli kummd der morgn ganz normol vor Grichd und fährd am Ohmd widder ham wie immer.«

»Gute Einstellung«, wurde er von Alois Schön gelobt. Der Leiter der Mordkommission sah seine Mitarbeiter nacheinander an. »Ihr müsst etwas tun, das euch von diesem Fall ablenkt, sonst macht ihr euch auf Dauer kaputt. Also unternehmt was und entspannt euch, wenn ihr heute Abend nach Hause kommt.«

»Wenn's so einfach wär«, seufzte Julia.

»Ich hab zwar was vor, aber unter Entspannung versteh ich was anderes«, meldete sich Natascha zu Wort. »Meine Schwiegermutter hat sich bei mir angekündigt.«

»Das ist immer noch besser als vor sich hinzuhirnen«, erwiderte ihr Chef.

»Du koosds ja festnehme lasse, wenns di nervd«, fügte Martin grinsend hinzu, »wecher Beläsdigung oder so.« Der Franke schien seine wahren Gefühle durch coole

Sprüche und Heiterkeit kaschieren zu wollen. Gleichwohl war auch er in den letzten Tagen stiller als gewohnt.

»So schlimm ist sie nun auch wieder nicht. Nur manchmal ein bisschen anstrengend«, erhielt er zur Antwort.

»Hi Schneckerl.« Phil gab Natascha einen Kuss auf den Mund. Er hatte bereits den Tisch gedeckt und das Abendessen so weit wie möglich vorbereitet. »Wir müssen nur noch den Lachs in die Pfanne hauen, dann gibt es Essen. Mutter wird auch gleich da sein.«

Es wurde gelacht, erzählt und diskutiert. Ein rundum gelungener Abend. Mit Ausnahme der Betonungen, wie sehr sich die Großmutter auf ihr erstes Enkelkind freue.

»Gut Ding will Weile haben«, versuchte Phil seine Mutter in ihrem Enthusiasmus zu bremsen, »ein wenig Zeit musst du uns schon geben.«

»Je mehr du uns unter Druck setzt, desto schwieriger wird es«, fügte Natascha hinzu.

»Ihr könnt mir keine größere Freude bereiten!«

»Das wissen wir, Mutter.« Phil nahm seine Frau in den Arm. »Dennoch bauen wir darauf, dass du uns in der Kindererziehung nicht reinredest.«

»Den ein oder anderen Ratschlag wird man als Großmutter doch noch geben dürfen!«

»Natürlich, Mutter, aber du weißt ja: Jeder verzieht sein Kind so gut er kann. Und du hast deine Chance bereits gehabt!«

»Wobei du deine Sache nicht schlecht gemacht hast, liebe Schwiegermama. Dein Sohn hat nur ein paar ganz kleine Macken.«

»So? Welche denn?« Phil tat empört. »Ich dachte, ich bin perfekt!«

»Reiß dich zusammen, mein Junge. Wenn Natascha und ich all deine Fehler aufzählen, wird es ein langer Abend.«

»Macht mich nur fertig!« Phil stand auf und floh in die Küche. Mit einer Tüte Chips und einer neuen Flasche Wein kehrte er zurück. Die drei erhoben ihre Gläser und stießen auf die Zukunft an.

»Wenn hier § 97 Abs. 2 S. 3 StPO nicht greift, weiß ich es wirklich nicht mehr. Hiermit erteile ich Ihnen die Erlaubnis, sein Handy zu überwachen sowie Kanzlei und Privaträume zu durchsuchen. Bis Sie Ihre Leute zusammengetrommelt haben, liegt Ihnen auch die schriftliche Begründung vor.« Nach Erhalt der Nachricht, dass Clemens Christ am Freitag in Hamburg nicht vor Gericht erschienen war, hatte Alois Schön den diensthabenden Richter angerufen. Der hatte ihm bestätigt, dass ihm die neuen Tatsachen als Verdachtsmomente ausreichten.

Sie parkten direkt vor dem Eingang des Bürogebäudes. Aufmerksam las der anwesende Kanzleipartner den Durchsuchungsbeschluss. »Glauben Sie ernsthaft, Clemens hat sich der Kindesentziehung strafbar gemacht? Halten Sie ihn wirklich für so blöd?« Selbstbewusst sah er den Leiter der Mordkommission an. »Ich hoffe, es stört Sie nicht, wenn ich zuschaue, wie Sie seine Räume inspizieren.«

»Von mir aus.« Alois Schön zuckte mit den Achseln. »Solange Sie uns nicht bei unserer Arbeit behindern.« Dabei blätterte er in der Firmenbroschüre, die auf dem Tresen der Anmeldung lag. »Ihre Kanzlei ist keine Sozietät, sondern eine Rechtsanwalts-GmbH?« Interessiert sah er den Anwalt an. »Vermutlich aus Haftungsgründen.«

»Exakt.«

»Und Clemens Christ ist kein Gesellschafter, sondern nur Angestellter. Ist das korrekt?«

»Stimmt genau.« Nachdem er die Tür von Clemens' Büro geschlossen hatte, erläuterte der Jurist in knappen Worten, dass er der Cousin von Katja Christ sei. Seine Mutter habe gemeinsam mit ihrem Bruder Claus die Kanzlei gegründet und später in eine GmbH umgewandelt. Gesellschafter einer Rechtsanwalts-GmbH dürften laut Gesetz jedoch nur Angehörige rechtsberatender Berufe sein, was bei ihm unproblematisch wäre. Demzufolge habe ihm seine Mutter die Gesellschaftsanteile bei ihrem Eintritt in den Ruhestand vermacht. Claus Christ dagegen könne seiner Tochter Katja die Anteile nicht überschreiben.

»Aber ihrem Mann schon!« Alois Schön hob die Augenbrauen.

»Richtig.« Der Cousin lehnte sich an den Türstock. »Wobei es dazu keine Notwendigkeit gibt, denn ein oder zwei Mandate betreut unser Senior noch.« Weil Alois Schön schmunzelte, fügte er hinzu: »Mein Onkel deutete mir gegenüber mal an, er hätte sich einen anderen Schwiegersohn gewünscht. Ohne ins Detail zu gehen oder auch nur ansatzweise zu erwähnen, was vorgefallen ist.« Er lächelte blasiert. »Sofern Sie das Thema interessiert, müssen Sie ihn also selbst fragen. Allerdings befindet sich der alte Herr momentan auf einer Kreuzfahrt rund um Südamerika.«

»Um den Laptop werden sich unsere Spezialisten kümmern«, deutete Alois Schön auf das Gerät, das ausgeschaltet auf dem Schreibtisch lag. Anschließend versuchte er, eine Schranktür zu öffnen. »Haben Sie Zweitschlüssel zu den Büromöbeln?«

»Einen Moment, bitte«, verließ der Anwalt den Raum.

Im Schrank fand sich ein Ordner mit den Kontoauszügen seit Jahresanfang, im Rollcontainer ein Terminplaner. Alois Schön blätterte die Seiten durch. Clemens Christ hatte jeden Termin unter exakter Angabe des Gerichts vermerkt, auch den heutigen. Wobei längere Reisen besonders auffielen, da er diese diagonal über das gesamte Blatt schreibend notiert hatte. So war es ein Leichtes herauszufinden, dass er in Hamburg zuletzt in der ersten Maiwoche, konkret am Freitag, den 4. Mai, tätig gewesen war. Ein Blick in die Kontoauszüge belegte darüber hinaus, dass er am selben Tag an einem Geldautomaten am Jungfernstieg 1.800 Euro abgehoben hatte.

Alois Schön sah auf die Uhr. Die Bank, die ihm die Kontobewegungen der letzten Tage liefern könnte, hatte bereits geschlossen. »Es reicht, wenn Ihre Anordnung zur Herausgabe der Kontoumsätze bis Montag auf meinem Tisch liegt«, teilte er dem zuständigen Richter deshalb mit.

Die Sekretärin von Clemens Christ erklärte, sie habe weisungsgemäß die Termine vom Donnerstag sowie die Flüge storniert. Nach den Gründen für die Planänderungen zu fragen, habe sie sich nicht getraut.

Die Beamten, die zeitgleich die Villa der Familie Christ durchsuchen sollten, standen vor verschlossenen Türen. Was sie nicht von ihrem Auftrag abhielt.

Nachdem sie das Haus vom Dach bis zum Keller in Augenschein genommen und niemanden angetroffen hatten, verteilten sie sich auf die einzelnen Räume. Doch auch die gründliche Inspektion sämtlicher Zimmer lieferte nicht den geringsten Hinweis auf ein Verbrechen. Nur der Polizist, der die Schränke im Schlafzimmer untersuchte, fand in der Innentasche einer Freizeitjacke ein Stück weißen Kartons. Eine Visitenkarte ohne Name und Telefonnummer, nur mit dem Aufdruck »Fabienne erfüllt dir all deine Wünsche«. Sofort rief er Alois Schön auf dem Handy an.

»Ist ja interessant.« Der Leiter der Mordkommission konnte sich ein Schmunzeln nicht verkneifen. Danach wurde er wieder sachlich: »Nehmen Sie das Jackett sowie dazu passende Hosen und lassen Sie es auf fremde DNA untersuchen. Und danke für die gute Arbeit, Kollege!«

»Kennen Sie jemanden mit dem hübschen Vornamen Fabienne?«, erkundigte er sich anschließend bei der Sekretärin von Clemens Christ.

»Tut mir leid, da fällt mir niemand ein«, kam die Antwort wie aus der Pistole geschossen.

»Wären Sie bitte trotzdem so freundlich, in Ihrer Datenbank nachzuschauen?« Lächelnd streckte er seinen Kopf über den Tresen des Empfangs.

»Fehlanzeige«, erwiderte die Assistentin, nachdem ihre flinken Finger über die Tastatur gesaust waren. »Der Vorname Fabienne existiert nicht in meinem PC.«

Alois Schön war bereits auf dem Weg zurück ins Büro von Clemens Christ, als die Empfangsdame der Kanzlei die Sekretärin beiläufig fragte: »Sag mal, heißt nicht die Frau von Herrn Wächter Fabienne?«

»Keine Ahnung.«

Der Leiter der Mordkommission drehte sich um. »Kannten sich Herr Christ und Frau Wächter?«

»Nicht, dass ich wüsste.«

»Ich glaube, sie war einmal da«, meldete sich erneut die Kollegin zu Wort. Anschließend wandte sie sich an die Sekretärin: »Du hattest da Urlaub.«

»Wir zwei sollten uns mal in Ruhe unterhalten«, bat Alois Schön die Mitarbeiterin vom Empfang ins Büro ihres Chefs.

»Das war kein normaler Mandantentermin«, bekannte diese, nachdem er die Zimmertür geschlossen hatte.

»Wieso?«

»Zum einen war sie nicht angemeldet. Sie kam einfach in die Kanzlei und sagte, sie müsse Herrn Christ sprechen. Ich rief den Chef an und der meinte zu meinem Erstaunen, sie könne hereinkommen.« Unsicher sah sie Alois Schön an: »Normalerweise macht er das nicht.« Sie nestelte an ihrer Bluse, rutschte auf ihrem Stuhl hin und her. Trotz ihrer Nervosität schien sie den Blickkontakt unbedingt halten zu wollen. »Aber was mir besonders auffiel, und das ist auch der Grund, weshalb ich mich so genau daran erinnere, waren ihre Haare. Als sie in die Kanzlei kam, trug sie eine akkurat gestylte Hochsteckfrisur. Doch als sie ging, war ihre Mähne regelrecht zerzaust.«

»Verstehe.« Alois Schön lächelte freundlich.

Was die Empfangsdame offensichtlich als Aufforderung verstand weiterzureden. »Ich kann Ihnen zwar nicht sagen, was in dem Raum passiert ist, Herr Kommissar. Zu hören war jedenfalls nichts.« Sie holte tief Luft. »Aber bei ihrem Abgang wirkte Frau Wächter ziemlich aufgewühlt, das war zumindest mein Eindruck.«

Der Cousin von Katja Christ gab dagegen zu Protokoll, die Dame nicht zu kennen. Mit Clemens habe er nur äußerst selten über Mandanten oder konkrete Fälle gesprochen. Dies sei in der Kanzlei nicht üblich.

Zurück im Büro versuchte Alois Schön, Fabienne Wächter zu erreichen. Zu seinem Leidwesen meldete sich nur der Anrufbeantworter. Beim zweiten Versuch hinterließ er eine Nachricht, Frau Wächter möge sich umgehend im Dezernat melden. Den Ehemann anzurufen, hielt er dagegen für kontraproduktiv. Lieber bat er die diensthabenden Kollegen, es weiter telefonisch zu probieren. Bei Erfolg dürfe man ihn gerne aus dem Wochenende in die Hansastraße beordern.

Zehn Minuten später rief der Netzbetreiber an. Es ließe sich nachvollziehen, dass Clemens Christ in der Nacht von Mittwoch auf Donnerstag nach Norddeutschland gereist sei. Die letzte Verbindung stamme von Donnerstagmorgen 10.23 Uhr von einem Hotspot in der Nähe der Autobahnraststätte Seevetal. Danach habe man kein Signal mehr empfangen, vermutlich sei das Handy ausgeschaltet worden.

Die übersandten Verbindungsnachweise waren rasch abgearbeitet. Bis auf drei Ausnahmen wurden sämtliche Teilnehmer identifiziert.

»Das sind Prepaidhandys«, erläuterte der Mitarbeiter der Telefongesellschaft, als Alois Schön erneut anrief. »Ich kann Ihnen nur sagen, dass sie bei ALDI-Nord verkauft werden.« Er hielt kurz inne. »Das Telefonat am 17. Mai, das war übrigens Christi Himmelfahrt, wurde auf die Mailbox umgeleitet, dort wurde jedoch keine Nachricht hinterlassen. Der Rückruf erfolgte erst am nächsten Tag, es wurde knapp vier Minuten lang telefoniert. Dann haben wir zwei Gespräche am letzten Dienstag um 7.37 Uhr und am Mittwochmorgen um 10.17 Uhr. Beide waren nach nicht einmal 25 Sekunden beendet. Der gestrige Anruf dauerte dagegen fast zwei Minuten.«

»Von wo wurden die Telefonate geführt?«

»Die Hotspots befinden sich alle im Großraum Hamburg, liegen aber ziemlich weit auseinander«, erwiderte der Mitarbeiter der Telefongesellschaft. Ob es sich um einen oder mehrere Gesprächsteilnehmer handele, ließe sich deshalb nicht feststellen.

»Danke, Sie haben uns sehr geholfen«, legte Alois Schön leicht frustriert den Hörer auf.

Der Klick auf eine Karte der A 7 rund um Seevetal bestätigte seine Befürchtungen: Horster Dreieck, Maschener Kreuz, Hamburg-Südwest – Clemens Christ konnte überall sein, in Bremen, bei Lüneburg, in Hamburg oder Flensburg. Sogar im Ausland.

KINDER DES ZORNS

Als Alois Schön die Haustür aufschloss, dröhnte ihm aus Frederiks Zimmer ohrenbetäubender Lärm entgegen. So laut, dass er sich wunderte, weshalb er diesen nicht schon auf der Straße gehört hatte. Offenbar waren die Fenster gut isoliert. »Hi, Frederik, kannst du bitte deine Musik etwas leiser stellen?«, schrie er ins obere Stockwerk, »oder willst du, dass wir alle taub werden?«

Im Wohnzimmer saß Beate mit dem Rücken zur Tür am Esstisch und las Zeitung. »Hallo, Spatzl«, begrüßte er die Freundin von der Tür aus, doch die reagierte nicht. Und als er seinen Liebling auf die Schulter küsste, zuckte sie zusammen.

»Sorry, ich bin's nur«, entschuldigte er sich, »Brad Pitt hat bedauerlicherweise keine Zeit. Er hat mich gebeten, ihn zu vertreten.«

»Was hast du gesagt?« Beate zog zwei Stöpsel aus ihren Ohren. »Dein Sohn meint, er könne mich mit seinem Krach nerven oder gar vertreiben. Aber da muss er früher aufstehen.«

»Trotzdem ist dieser Geräuschpegel nicht auszuhalten. Aber das haben wir gleich.« Alois Schön ging zum

Sicherungskasten und klappte die Sicherung für Frederiks Zimmer nach unten.

Für ein paar Sekunden war es mucksmäuschenstill im Haus. Dann ein Schrei: »Eij! Was soll der Scheiß?«

Was den Vater nicht beeindruckte. »Wie lange geht das bereits?«, erkundigte er sich bei seiner Freundin.

»Seit er sauer auf mich ist.« Mehr konnte Beate nicht erklären, weil Frederik die Treppe hinuntergepoltert kam.

»Mein PC ist abgestürzt, das Videospiel abgekackt und mein MP3-Player verreckt!« Wütend blieb er im Türrahmen stehen.

»Das ist normal, wenn die Stromverbindung unterbrochen ist. Aber ich gehe davon aus, dass nichts kaputtgegangen ist. Und wenn doch, hast du es dir selbst zuzuschreiben.«

»Wieso?«

Der Vater hob die Augenbrauen. »In diesem Haus leben noch mehr Menschen, darauf solltest du Rücksicht nehmen!« Er setzte sich an den Tisch. »Beate hat gerade begonnen, mir zu erzählen, was passiert ist. Du darfst gerne zuhören und anschließend deine Version zum Besten geben. Ansonsten komme ich danach auf dein Zimmer.«

»Von mir aus.« Der Junior verschwand ins obere Stockwerk.

»Dabei wollte ich mich überhaupt nicht in Frederiks Erziehung einmischen«, begann Beate mit betrübter Stimme. »Ich bin ja nur die Freundin seines überaus lieben Papas.« Mit traurigem Blick fuhr sie Alois

Schön durch seine dunkelblonden Haare, streichelte seinen leichten Bauchansatz.

Daraufhin legte der seinen Arm um sie: »Ich korrigiere, du bist die absolut begehrenswerte und reizende Freundin von Frederiks lieben Papa.« Er zog sie zu sich heran und gab ihr zwei dicke Schmatzer auf die Lippen.

»Frederik sieht das momentan bestimmt ganz anders.« Beate lehnte ihren Kopf an seine Brust. Sie hob die Zeitung an und holte unter dieser ein Kuvert hervor. »Das hier habe ich auf dem Schreibtisch deines Sohnes gefunden, als ich nachschaute, ob er etwas für die Waschmaschine hat.« Sie schmiegte sich noch näher an ihren Freund heran: »Ich habe geklopft und gerufen, bevor ich sein Zimmer betrat. Doch Frederik war in der Küche, um sich ein Eis zu holen. Als er zurückkam und mich am Schreibtisch sah, fing er sofort an loszubrüllen. Dabei hatte ich den Brief, der an dich adressiert war, nicht einmal angefasst!« Wehmütig schaute sie Alois Schön in die Augen. »Ich versuchte, Frederik die Situation zu erklären, aber der Junge hat nur geplärrt. Auf meine Frage, ob ich den Brief mitnehmen dürfe, schrie er: ›Ist mir egal, Hauptsache du haust endlich ab!‹«

»Du hast dich vollkommen richtig verhalten, Spatzl.« Erst jetzt öffnete er das Kuvert. Es handelte sich um die Bitte des Mathelehrers, ein Erziehungsberechtigter möge so schnell wie möglich seine Sprechstunde besuchen.

Neben dem Feld »Kenntnis genommen« fand er die krakelige Unterschrift eines gewissen Alois Schön.

»Für eine Fälscherkarriere reicht das bei Weitem nicht. Und als moderne Kunst oder Autogramm einer berühmten Persönlichkeit können wir es ebenso wenig verkaufen. Also werde ich mit meinem Jungen ein Wörtchen reden müssen.«

Er ging nach oben und klopfte an die Tür seines Sohnes.
»Komm rein.« Frederik lag auf dem Bett und starrte an die Decke. »Bringen wir's hinter uns.«
Alois Schön nahm am Schreibtisch Platz. »Alles noch heil?«
»Sieht so aus.«
»Das freut mich«, begann er seine Ansprache.
Und wurde sofort wieder unterbrochen: »Wär sonst teuer für dich geworden!«
Der Vater zog es vor, diese Bemerkung zu ignorieren. »Wir leben hier zu dritt unter einem Dach und müssen daher gegenseitig aufeinander Rücksicht nehmen«, startete er erneut. »Und Nachbarn haben wir auch noch. Deswegen erwarte ich, dass du deine Musik oder Ähnliches auf Zimmerlautstärke stellst oder Kopfhörer benutzt.«
»In meinem Zimmer hat niemand etwas zu suchen, wenn ich nicht da bin! Und dein kleines, schwarzhaariges Gspusi schon gar nicht. Sie ist nicht meine Mutter!«
Was sollte dieser Affront? Normalerweise kam Frederik mit Beate hervorragend aus. Weil sie ein Bündel an Energie und für jeden Spaß zu haben war. Und von einem Gspusi konnte nach anderthalb Jahren glücklicher Beziehung ebenfalls keine Rede mehr sein. Alois Schön beschloss, die Äußerung des Juniors als Ausdruck seiner momentanen Stimmung und als Resultat jugendlicher Wut einzustufen. Vermutlich würde sich Frederik sogar

von selbst bei Beate entschuldigen. »Das weiß sie und das möchte sie auch nicht sein. Sie hat überhaupt nicht vor, dich in irgendeiner Weise zu erziehen.« Eindringlich sah er den Filius an. »Aber um das ein für alle Mal festzuhalten, sage ich es dir hiermit klar und deutlich: In meiner Abwesenheit ist sie meine Stellvertreterin. Betrachte also ihre Worte so, als wenn ich sie gesagt hätte!«

Frederik presste die Lippen zusammen, traute sich nicht zu widersprechen.

»Nun zu unserem eigentlichen Problem.« Alois Schön faltete das Schreiben der Schule auseinander. »Diese Unterschrift ist des Sohnes eines ersten Polizeihauptkommissars unwürdig. Mit diesem Gekritzel blamierst du nicht nur dich, sondern die gesamte Münchner Kriminalpolizei!«

Angesichts dieser Bemerkung musste selbst der Übeltäter schmunzeln.

»Also entweder, wir üben, wie du meine Unterschrift gscheid fälschst, oder wir beschäftigen uns gemeinsam mit Mathe. Wobei ich der Ansicht bin, dass Letzteres einfacher und sinnvoller ist. Aber vorher solltest du mir erst einmal erzählen, was passiert ist.«

Frederik setzte sich aufrecht hin. Danach berichtete er wortkarg und höchst widerwillig, dass er in den letzten zwei Wochen zwei Mal zu spät zum Unterricht erschienen sei und darüber hinaus beim Abfragen eine Sechs bekommen habe. Daraufhin habe der Mathelehrer ihm den Brief mit nach Hause gegeben.

»Und du hast es nicht für nötig befunden, mir diesen zu zeigen?«

»Wozu denn? Ist doch eh bald Notenschluss.«

»Trotzdem hättest du ihn mir geben müssen. Schließlich war er an mich adressiert!«

»Das bringt überhaupt nichts, wenn du dich mit diesem Spast unterhältst. Der Typ ist voll der Mongo, kann absolut nichts erklären! Ich kann nur hoffen, dass wir im neuen Schuljahr einen besseren Pauker kriegen.«

»Ansonsten hilft dir Beate bestimmt gerne«, entgegnete der Vater, »sie ist echt gut in Mathe!«

»Außerdem hast du am Dienstagmorgen eh keine Zeit!«

»Die Zeit für ein Telefonat zum Wohle meines Sohnes finde ich immer. Besorgst du mir bitte die Telefonnummer deines Lehrers?«

»Wenn's unbedingt sein muss.«

Alois Schön schrieb einen netten Brief an den Mathematiklehrer mit der Bitte, ihn anrufen zu dürfen. Und Beate freute sich auf das gemeinsame Lernen mit Frederik.

»Das ist lecker, nicht wahr?«

Sophia öffnete ihren Mund, so weit sie konnte, als der Löffel aus dem Glas aufstieg und in ihre Richtung abhob. Anschließend verschlang sie den Brei mit einem Happs.

»So viel Fortune hat nicht jeder, … in Dänemark, mitten in der Hochsaison … das Haus ist phänomenal!« Sie strahlte die Kleine an und Sophia lachte zurück.

»Ein großer Garten, mit Sandkiste und Blick aufs Meer – wenn das dein Vater sehen könnte!« Sie berührte mit ihrem Zeigefinger zärtlich die Brust des Kleinkindes und drehte ihn hin und her.

Worauf das Baby gluckste.

Sie nahm eine Banane, schälte diese bis zur Hälfte, brach das obere Stück ab und reichte es Sophia weiter. Freudestrahlend begann diese, daran zu schlecken und mit ihren winzigen Zähnchen zu bearbeiten.

»Weißt du was, Hannah? Wir zwei Hübschen nehmen heute ein Sonnenbad. Dansk sol, dansk vind og vi to. Nichts als Faulenzen und braun werden.« Sie sah das Mädchen im Hochstuhl an. »Wir müssen lediglich aufpassen, dass wir keinen Sonnenbrand kriegen.«

Sophia lachte, als man sie eincremte. »Tut mir leid, da musst du jetzt durch, auch wenn du noch nicht ausgekitzelt bist«, wurde sie angelacht.

»Mit unseren Hüten können wir uns auch in Ascot blicken lassen, nicht wahr, mein Schatz?«

Im Garten begann Sophia sofort, die Welt auf allen vieren zu erkunden. Die flauschige Decke, die man für sie auf dem Rasen ausgebreitet hatte, interessierte sie dagegen nicht. Fasziniert beobachtete sie die Möwe, die in etwa fünf Metern Entfernung gelandet war.

Als Julia Neubauer am Sonntagabend Dienst hatte, versuchte sie erneut, Familie Christ zu erreichen. Sie hatte Glück.

Katja Christ berichtete, dass sie erst am Nachmittag aus Hamburg zurückgekehrt sei. Ihr ginge es blendend, Hamburg sei eine tolle Stadt. Gerne käme sie in die Hansastraße, um Julia und ihrem netten Chef offene Fragen zu beantworten.

Enttäuscht nahm sie zur Kenntnis, dass Alois Schön das ganze Wochenende frei habe, und Julia ihr deshalb lediglich die Dame vom Schreibbüro vorstellte.

»Wie lange waren Sie in Hamburg?«, wollte die junge Kommissarin wissen. Sie hielt es für besser, das Gespräch behutsam zu beginnen.

»Von Donnerstagabend bis heute Mittag. Dann schlug das Wetter um, und deswegen habe ich mich wieder auf den Heimweg gemacht.«

»Wo haben Sie übernachtet?«

»Im Hotel Atlantic, wo sonst? Das kann ich Ihnen nur empfehlen, falls Sie mal da oben auf Dienstreise sind.«

Julia schmunzelte. »Ich werde es meinem Chef ausrichten.«

»Tun Sie das, mein Kind. Ein fantastisches Haus. Ich habe an der Rezeption sogar Udo getroffen!«

»Wen?«

»Na Udo Lindenberg, der wohnt doch da!« Katja Christ streifte sich ihre Bluse zurück und fuhr sich mit den Fingern durch ihre Haare. »Er hat mich angelächelt … aber ich wollte nicht aufdringlich sein.«

»Sind Sie wegen Udo nach Hamburg geflogen?« Julia lachte die Zeugin an. Sie hielt diese flapsige Frage für zielführender, als sich direkt nach dem Grund für die Reise zu erkundigen.

»Natürlich nicht.« Katja Christ lächelte verlegen. »Das am Freitag war doch unsere erste Begegnung!« Es fehlte nur der Augenaufschlag und die verschämte wegwerfende Handbewegung. Offenbar hielt sie die Frage für legitim und meinte die Antwort vollkommen ernst.

Daraufhin entschloss sich Julia, die Taktik zu wechseln. »Und Ihren Mann hat es nicht gestört, dass Sie mit Udo geflirtet haben?« Ein offensives Vorgehen ihrerseits müsste sich doch zumindest auf die Körpersprache der Zeugin auswirken.

»Nein, wieso?« Katja Christ zog die Oberlippen nach oben.

»Ihr Mann ist verschwunden!« Julia sprach laut und deutlich, fast schon barsch. Eindringlich sah sie die Ehefrau an. »Er hat seinen Termin vor Gericht nicht wahrgenommen und ist seitdem nicht mehr aufgetaucht.«

»Echt?« Ansonsten blieb Katja Christ stumm. Die Unterarme auf der Tischplatte, saß sie steif auf ihrem Stuhl. Die Augen starr geradeaus gerichtet, den Oberkörper leicht nach vorne gebeugt.

Eine Reaktion, mit der die junge Kommissarin nicht gerechnet hatte. Handelte es sich hier um den naiven Einwand einer psychisch kranken Frau oder um die einstudierte Antwort einer eiskalten Ehegattenmörderin? Wie würde Alois Schön mit all seiner Erfahrung in dieser Situation reagieren? Sie wusste es nicht, es war auch egal, ihr Chef war nicht da. Irritiert sah Julia die Dame aus dem Schreibbüro an. Die Kollegin schien ebenso überrascht, hatte gleichfalls innegehalten.

»Frau Christ, geht's Ihnen gut?«, war das einzig Sinnvolle, was ihr einfiel.

Katja Christ nickte. Auf die Frage, ob sie eine Pause wünsche, schüttelte sie den Kopf.

»In welchem Hotel übernachtet gewöhnlich Ihr Mann,

wenn er in Hamburg geschäftlich zu tun hat?«, setzte Julia die Befragung fort.

»Keine Ahnung, das macht die Kanzlei.« Die Frage nach Verwandten und Freunden in Norddeutschland verneinte Katja Christ ebenfalls.

»Möchten Sie auch etwas trinken?« Julia nahm zwei Gläser und griff nach der Flasche mit Mineralwasser, die auf dem Tisch stand.

»Ja, bitte.«

Nachdem Julia erfahren hatte, dass Katja Christ ganz spontan nach Hamburg geflogen war, welche Restaurants und Museen sie besucht hatte und wo sie shoppen ging, erkundigte sie sich in ruhigem Ton: »Hatte Ihr Mann eine Geliebte?«

»Wie kommen Sie denn darauf? Dafür gibt es überhaupt keinen Grund!« Die Augen weit aufgerissen, warf Katja Christ die Arme in die Luft.

Was Julia nicht davon abhielt nachzuhaken. »Bitte überlegen Sie, Frau Christ. Gab es womöglich doch Anzeichen, dass Ihr Mann eine Affäre hatte?« Eindringlich sah sie die Zeugin an. »Ungewöhnlich viele Abendtermine vielleicht? Oder, dass er in letzter Zeit länger als notwendig auf Geschäftsreise war?«

»Nein, junge Frau.«

»Sicher?«

»Behaupten Sie etwa, ich lüge Sie an?« Zwischen den Augen der Ehefrau bildete sich eine senkrechte Furche. Anschließend wanderte ihr Blick zur Protokollführerin.

»Natürlich nicht!« Julia machte zwischen jedem der folgenden Sätze eine Pause, um Katja Christ die Möglichkeit zur Erwiderung zu geben. »Allerdings haben wir während Ihrer Abwesenheit Ihr Haus durchsucht. Denn wir schließen nicht aus, dass Ihr Mann etwas mit Sophias Entführung zu tun hat.«

Katja Christ antwortete nicht, saß regungslos da.

»Dabei haben wir die Visitenkarte einer gewissen Fabienne gefunden. Kennen Sie jemanden, der so heißt?«

Auf diese Frage hin schüttelte sie immerhin den Kopf.

»Vielleicht eine Prostituierte?«

»Wozu? Ich habe ihm doch jeden Wunsch erfüllt!«

Julia ergriff die Hände ihrer Gesprächspartnerin. »Ich fände das besser, als wenn es seine Geliebte wäre.« Mitfühlend sah sie sie an. »Denn ansonsten müssen wir davon ausgehen, dass er mit dieser Frau ein neues Leben beginnen und Sophia zu sich nehmen will.«

Katja Christ schluckte. Es dauerte eine Weile, bis sie in der Lage war zu antworten. Ihre Stimme klang zunehmend trotzig. »Auch um Sophia habe ich mich stets hervorragend gekümmert!«

»Wirklich?« Julia hatte den Eindruck, dass Katja Christ in einer Scheinwelt lebte. »Ich möchte Ihnen das nicht vorwerfen, aber Sie waren in den letzten Wochen häufig krank«, erwiderte sie einfühlsam.

»Ich war immer eine gute Mutter und Ehefrau!«, schrie Katja Christ und sprang auf.

»Gut, ich nehme das hiermit zu Protokoll.« Julia versuchte die Zeugin zu besänftigen, indem sie deren Finger mit ihrer Hand lose bedeckte.

»Ist schon notiert«, bestätigte die Dame aus dem Schreibbüro.

Katja Christ jedoch zog ihre Hand von der Tischplatte, öffnete ihre Handtasche und nahm mehrere Fotos von Sophia aus der Brieftasche. »Sehen Sie, wie glücklich Sophia schaut, wenn ich sie auf dem Arm halte! Sieht so ein Kind aus, das von seiner Mutter vernachlässigt wird?« Die Ader an ihrer Schläfe wurde mit jedem Wort dicker. »Und wenn Sie mich nach Hause begleiten, zeige ich Ihnen ein paar Sachen, die ich für Sophia gehäkelt habe. Ein komplettes Set aus Mütze, Strickjacke und Pullover.« Katja Christ atmete immer schneller, war kurz davor, in Tränen auszubrechen. »Und wenn Sie wollen, zeige ich Ihnen noch ein paar Fotos, die mein Mann von mir gemacht hat. Als Beleg, dass Clemens sehr wohl Interesse an mir und meinem Körper hatte.«

»Danke, das ist nicht notwendig, Frau Christ. Sie müssen uns nicht beweisen, dass Sie eine gute Mutter und Ehefrau sind.« Julia wollte die Zeugin besänftigen. Deshalb sah sie noch einmal jedes Foto gewissenhaft an. Katja Christ sollte auf keinen Fall den Eindruck erhalten, dass man sie nicht ernst nehme.

»Eine letzte Frage hätte ich allerdings noch«, erhob die Kommissarin nach einer Weile des Stillsitzens ihre Stimme: »Wem gehört eigentlich das Haus, in dem Sie leben?«

»Na, mir!«, lächelte die Ehefrau. »Mein Vater hat mir vorab ein bisschen was vererbt. Ich gebe zu, ohne seine Spende hätten wir uns dieses Häuschen nicht leisten können.«

Julia schmunzelte angesichts dieser Wortwahl. »Und die Kanzlei?«

»Die ist im Eigentum der GmbH.«

Damit stand fest: Clemens Christ besaß so gut wie gar nichts.

Bereitwillig ließ sich Katja Christ ihre Fingerabdrücke abnehmen. Die ihres Mannes müsste man auf einer Bierflasche zu Hause finden. Was dazu führte, dass Julia doch noch zu Familie Christ fuhr, drei Flaschen mitnahm und sich außerdem Sophias gehäkelte Strickjacke und einige erotische Aufnahmen der Mutter anschaute.

MISSACHTET

Fabienne Wächter hatte sich am Sonntag kurz vor Mitternacht bei den Kollegen der Nachtschicht gemeldet. Was es denn so Wichtiges gäbe und weshalb man sie und ihren Mann nicht in Ruhe lasse?

Trotzdem erschien sie am Montagmorgen pünktlich um 8.30 Uhr im Dezernat. Eine Lady mit Feuer und Hummeln im Hintern. In den zwei Minuten, die sie auf Alois Schön wartete, saß sie keine zehn Sekunden auf dem ihr angebotenen Platz. Sie lief zum Fenster, überflog die Aushänge am Schwarzen Brett, checkte ihr Handy und schäkerte mit hereinkommenden Polizisten. Eine absolute Powerfrau und aus Männersicht ein ausgesprochen hübscher Anblick: funkelnde Augen, ein strahlendes Lachen und ein festes Dekolleté. Gut 1,60 Meter groß, rotbraune gewellte Haare und Sommersprossen. Kleidergröße 34, wenn überhaupt.

»Wissen Sie, warum Sie heute hier sind?«, erkundigte sich Alois Schön, nachdem er die Tür zum Vernehmungsraum geschlossen hatte.

»Vermutlich, weil Sie gut recherchiert haben!« Selbstbewusst lachte Fabienne Wächter den Leiter der Mordkommission an. »Sie werden herausgefunden haben, dass ich Clemens Christ nicht nur als Anwalt meines Mannes kenne.« Sie setzte sich auf das vordere Drittel des Stuhls am Vernehmungstisch. Ihre Beine, die in einer weißen, hautengen Jeans steckten, ragten unter der Sitzfläche so weit nach hinten, dass Julia Angst hatte, die Zeugin würde gleich nach vorne kippen. Doch offenbar boten ihr die drei nackten Zehen, die als Einzige den Boden berührten, genügend Halt. Denn die Absätze ihrer Sandalen verharrten ruhig in der Luft.

»Dann erzählen Sie uns bitte über Ihre Beziehung zu Herrn Christ. War diese privat oder beruflich?«

Fabienne Wächter riss die Augen weit auf, ihr Mund war leicht geöffnet. Demzufolge dauerte es einige Sekunden, bis sie nachfragte: »Wieso beruflich?«

Alois Schön schob ihr die Visitenkarte, die man in der Jacke des Anwalts gefunden hatte, rüber: »Die Kollegen von der Sitte sind nicht informiert.«

»Ach so!« Die Mimik der Zeugin hellte sich sichtbar auf. »Muss ich jetzt beleidigt sein?« Lachend schüttelte sie den Kopf. »Wissen Sie was? Ich nehm' das jetzt mal als Kompliment!« Sie sah die Beamten an. »Das war nur ein Spiel …, als wir gemeinsam nach Hamburg wollten.« Anschließend bestätigte sie, dass sie mit Clemens Christ eine Affäre gehabt hatte: »Das Ganze ging etwas über einen Monat, von Mitte April bis Mitte Mai.« Mit einem Mal sprach Fabienne Wächter bedeutend leiser. »Wissen Sie, Herr Kommissar …« Und vor allem langsamer. »Mein Mann steckte damals in einer Krise. Die vielen Absagen bei der Suche nach einem neuen Auftrag, der Stress mit dem Prozess gegen den Fondsinitiator, und dann hatte er auch noch eine Schreibblockade. Er schloss sich den ganzen Tag in sein Arbeitszimmer ein, kam an manchen Tagen nicht einmal zum Essen und schrieb trotzdem selten mehr als eine halbe Seite.«

»Konnten Sie ihn nicht aufmuntern?« Im Grunde stand es Alois Schön nicht zu, eine solche Frage zu stellen. Doch in diesem Fall hielt er sie für legitim.

»Ich bin mir meiner Reize durchaus bewusst … und habe sie bei Peter schon mehrfach erfolgreich eingesetzt.« Fabienne Wächters Augen wanderten zur Decke. »Aber wenn er sich überhaupt nicht um einen kümmert.«

Alois Schön war überrascht, wie traurig dieses fidele Persönchen mit einem Mal dreinschaute.

»Wenn er nur ein wenig …«, bahnten sich ihre Worte mit Leidensstimme den Weg in den freien Raum, »ich wäre bestimmt nicht schwach geworden.«

Nach einer Weile fuhr sie fort: »Es war ein Mittwoch.« Fabienne Wächter setzte sich auf ihrem Stuhl nach hinten. »Ich war mit einer Freundin in der Kaufinger Straße beim Shoppen. Wir wollten einen wundervollen Nachmittag mit einem kleinen Imbiss in der ›Weiberwirtschaft‹ im Tal ausklingen lassen.« Offenbar war die Zeit des stillen Erinnerns schon wieder vorbei. Denn sonst hätte sie kaum in die Runde gefragt, ob man das Lokal kenne.

»Natürlich«, bestätigte Alois Schön, während Julia den Kopf schüttelte.

Die Dame aus dem Schreibbüro nickte ebenfalls.

»Das kann ich Ihnen nur empfehlen, Frau Kommissarin. Da gehen auch viele junge Leute hin. Die ›Weiberwirtschaft‹ ist direkt gegenüber dem Karl-Valentin-Museum, die Speisekarte bietet von bayerischen Schmankerln bis zu internationalen Spezialitäten so ziemlich alles.«

»Und dort haben Sie Clemens Christ getroffen.« Alois Schön wollte verhindern, dass die Zeugin zu sehr abschweifte.

»Richtig, Herr Kommissar. Er saß allein am besten Tisch im ganzen Lokal, und deshalb fragte ihn meine Freundin, ob wir uns zu ihm setzen dürften. Er musterte uns von oben bis unten, bevor er antwortete: »Welcher Mann kann schon naa sagen, wenn sich zwoa so fesche Deandl herhocken wollen.« Fabienne Wächter versuchte, den Dialekt des Anwalts zu imitieren. »Und schon waren wir im Gespräch.«

Es war offensichtlich, dass ihr die nächsten Sätze nicht leicht über die Lippen kamen. Sie stoppte in ihrem Redefluss, dämpfte nochmals ihre Stimme und stierte genau in die Lücke, die sich zwischen ihren Gesprächspartnern befand. »Vom Aussehen war er überhaupt nicht mein Typ, Sie kennen ja Peter. Aber diese erotische Stimme, dieses charmante Bayerisch … Und erst seine Komplimente! Die habe ich aufgesaugt wie ein Schwamm.« Ihre Augen wanderten zur Decke. »Das war es, was ich damals brauchte: ein Mann, der mir zuhört, der auf mich eingeht, der mich versteht. Und Clemens Christ wusste das. Der hat genau gespürt, wie er auf mich wirkt. Und dann …« Verlegen starrte sie auf den Boden, als müsste sie ihre Gedanken sortieren. »Wir unterhielten uns prächtig, als er plötzlich auf seine Uhr schaute und Sekunden später aufstand. ›Mädels, i muass‹, verabschiedete er sich abrupt. Einfach so, ohne Vorwarnung!« Fabienne Wächter hüstelte kurz. »Er nahm eine Visitenkarte und schrieb auf die Rückseite seine Handynummer … falls du a mal privat wos mit mir unternehmen wuist.«

»Das war aber schon mehr als ein Wink mit dem Zaunpfahl«, kommentierte Alois Schön.

»Das habe ich natürlich auch gedacht, Herr Kommissar, aber das Beste kommt noch.« Die Zeugin holte kurz Luft, rutschte wieder näher an den Tisch heran. »Clemens ging zur Bedienung und verließ ohne ein weiteres Wort das Lokal. Erst später erfuhren wir, dass er unsere Zeche ebenfalls bezahlt hatte.« Sie schüttelte den Kopf. »Er hatte nicht einmal gefragt, ob es uns recht wäre … und Gelegenheit, Danke zu sagen, hatten wir auch nicht!«

»Voll der Macho.« Julia wollte Fabienne Wächter zum Weiterreden animieren.

»Richtig, Frau Neubauer. Aber es hat gewirkt!« In ihren Augen, mit denen sie die Kommissarin ansah, war neben ihrer Erregung auch eine Spur Verzweiflung zu erkennen. »Der Kerl ging mir nicht aus dem Kopf! Selbst als ich zu Hause festgestellt hatte, dass ich mit dem Anwalt, über den sich mein Mann dauernd aufregt, geflirtet hatte, wurde es nicht besser. Im Gegenteil, mein Verlangen nach diesem Glatzkopf wurde immer größer.«

Alois Schön überlegte, ob der Abgang des Anwalts nicht pure Berechnung war? Wobei sein Verhalten und die Details des ersten Gesprächs noch keinen Grund für die Entführung der kleinen Sophia boten. »Wie ging es weiter?«, wollte er deshalb wissen.

»Nach drei Tagen des Zögerns rief ich Clemens an, um mich für die Übernahme meiner Zeche zu bedanken. Bei diesem Telefonat beschlossen wir, uns wiederzusehen, und verabredeten uns im Dichtergarten, weil da nicht so viel los ist. Schon kurz nach der Begrüßung lagen wir uns in den Armen. Und beim dritten Kuss …« Fabienne Wächter schluckte, sprach den nächsten Satz sehr leise: »Ich weiß, das war dreist von ihm. Aber ich habe es genossen.«

Anschließend berichtete sie in gewohnter Lautstärke, dass sie sich danach mit Clemens Christ ein oder zwei Mal die Woche in einem Hotel getroffen habe. »Und einmal kam ich spontan in seine Kanzlei.« Fabienne Wächter erweckte nun den Eindruck, sich diese Affäre von der Seele reden zu müssen. Auf jeden Fall wirkte sie entspannter.

»Nur einmal?«

»Ja, ein einziges Mal. Ohne viel nachzudenken, aus einer Laune heraus. Und rückblickend betrachtet war das bereits der Anfang vom Ende.«

»Wie dürfen wir das verstehen?«

Die Zeugin atmete hörbar aus. »Als ich Clemens in seinem Büro erklärte, ich hätte Sehnsucht nach ihm, erwiderte er, das würde er sehen. Wobei seiner Meinung nach Sehnsucht noch leicht untertrieben wäre. Und so brav wie ich daherkäme, mit meiner Hochsteckfigur, das würde zu dem, was ich wollte, so gar nicht passen. Also löste ich die Haarnadeln in meiner Frisur und schüttelte meine Haare.« Ihre Lider zuckten, bevor sie weitersprach: »Doch das war ihm nicht genug. Er würde meine Verwandlung von der braven Mandantin in … Sie wissen schon.« Fabienne Wächter senkte ihren Blick erneut zur Seite. »Ich war so …«, hauchte sie die Worte auf den Boden. Ihre Stimme klang verzweifelt. »Der wusste genau, wonach ich mich sehnte. Er versprach auch, es mir zu geben, aber nur …« Sie rieb sich die Augen. »Total … Deshalb befolgte ich seine Anweisungen und ließ mich wie gefordert von ihm fotografieren.« Sie schluckte, strich mit dem Zeigefinger über ihr rechtes Auge. »Ich weiß nicht, was mit mir los war, aber mir machte das sogar Spaß. Ich habe mich wie gewünscht in Positur gestellt, stets gelächelt, sogar als …« Es schien nur noch eine Frage von Sekunden, bis Fabienne Wächter in Tränen ausbrechen würde. »Erst als er die Bilder auf seinen Laptop geladen hatte, erkannte ich, wie sehr der Mistkerl meine Situation ausgenutzt hatte.« Sie fingerte nach einem Taschentuch in ihrer Hose und schnäuzte hinein. »Ich war das pure Lustobjekt, eine Wichsvorlage!« Immerhin war sie nun in der Lage, die Kommissare anzusehen. Dann nahm sie ihr Wasserglas und leerte es bis zur Hälfte. Erleichtert fügte sie hinzu: »Gottlob schaffte ich es, dass er die Aufnahmen löschte.«

»Trotzdem sind Sie mit ihm nach Hamburg gefahren«, meldete sich Julia zu Wort. Sie wusste nicht, wie sie die Aussage der Zeugin einschätzen sollte. Glaubte Fabienne Wächter, durch das Andeuten pikanter Details belegen zu können, dass sie als Entführerin der kleinen Sophia nicht infrage käme? Die junge Kommissarin sah rüber zu ihrem Chef. Doch der saß regungslos da.

»Stimmt«, antwortete Fabienne Wächter rasch. Sie seufzte nicht einmal. »Ich muss zu meiner Entschuldigung vortragen, dass die Krise mit meinem Mann immer schlimmer wurde. Er meckerte nur noch, reagierte bei jeder Berührung allergisch.« Angestrengt starrte sie auf die Mitte des Tisches. »Er wollte nicht einmal wissen, wohin ich fahre, als ich ihm sagte, ich würde für zwei Tage verreisen.«

»Berichten Sie uns bitte von Ihrem Ausflug.« Alois Schön hoffte, so mehr über Kontakte und mögliche Hintermänner in Norddeutschland zu erfahren. Oder über Orte, in denen der Anwalt seine Tochter verstecken könnte.

Fabienne Wächter räusperte sich. »Ein paar Tage, nachdem ich Clemens in der Kanzlei besucht hatte, rief er an und fragte, ob ich Lust hätte, ihn am ersten Mai-Wochenende nach Hamburg zu begleiten. Er habe dort am Freitag einen Gerichtstermin und freue sich, wenn ich nachkäme. Auf meine Frage, was er denn seiner Frau erzählen würde, antwortete er, er würde ihr sagen, er sei von befreundeten Juristen zum Spiel des FC St. Pauli eingeladen worden. Die Begegnung sei zwar seit Langem ausverkauft, aber das würde seine Holde nicht wissen, da sie sich nicht für Fußball interessiere. Daraufhin erkundigte ich mich, ob er sich meinen exklusiven Escort-Service überhaupt leisten könne. Woraufhin er amüsiert erwiderte, er habe etwas gespart.«

Während Alois Schön mit stoischer Miene auf seinem Stuhl saß, rückte Julia mit ihrem Oberkörper einige Zentimeter nach vorne und legte ihre gefalteten Hände samt

Unterarmen auf den Vernehmungstisch. Voller Neugier sah sie die Zeugin an.

»Wir einigten uns auf 1.000 Euro pauschal, zahlbar in bar. Wir taten so, als ob wir uns noch nie gesehen hätten, und vereinbarten ein Erkennungszeichen.« Fabienne Wächter lächelte, während sie von ihrer Reise nach Hamburg berichtete: »Ich hatte mir extra die Visitenkarte, die Sie gefunden haben, gedruckt, um den geschäftsmäßigen Charakter des Wochenendes zu unterstreichen. Wir trafen uns beim Portugiesen in der Ditmar-Koel-Straße, machten eine Hafenrundfahrt und sahen das Musical ›Heiße Ecke‹ im Tivoli. Am Sonntagmorgen besuchten wir in aller Früh den Fischmarkt, später schlenderten wir durch die Hafenstadt und gingen zur Baustelle der Elbphilharmonie. Am Sonntagabend sind wir gemeinsam mit dem Taxi zum Flughafen, aber mit unterschiedlichen Fliegern nach München zurück.«

»Wo haben Sie übernachtet?«

»An der Elbchaussee, im Louis C. Jacob. Ein familiäres, exzellentes Haus, das viel Wert auf Diskretion legt. Clemens hatte dort schon von Freitag auf Samstag genächtigt, ich dagegen kam erst mit dem Flugzeug am Samstagmittag an.«

»Und alles wurde bar bezahlt«, ergänzte Alois Schön. Woraufhin die Zeugin nickte.

»Und Ihr Mann hat auch nach Ihrer Rückkehr nicht gefragt, wo Sie waren?«

»Den interessierte damals überhaupt nicht, was ich tat.« Mit leeren Augen vollendete Fabienne Wächter den Satz, starrte lang anhaltend Löcher in die Luft.

»Sie sagten, der Besuch in der Kanzlei war der Anfang vom Ende«, unterbrach Julia nach einer Weile die Stille.

»Ihr Bericht über Ihre Vergnügungsfahrt«, sie hatte sich bewusst für diesen Begriff entschieden und betonte ihn entsprechend deutlich, »nach Hamburg klingt allerdings so, als ob ein verliebtes Pärchen ein romantisches Wochenende in einer wunderschönen Stadt verbringt.«

»Hamburg war etwas Neues, etwas sehr Reizvolles«, knallte Fabienne Wächter eine schnelle Antwort auf den Tisch. Erst danach schien sie ihre Worte zu reflektieren. Sie griff zu ihrem Glas und leerte es in einem Zug. »Sie müssen wissen, Frau Kommissarin, ich bin ein neugieriger Mensch. Ein Adrenalin-Junkie, immer auf der Suche nach dem ultimativen Kick. Die Rolle der Escortdame, die einen wohlhabenden Geschäftsmann beim Besuch kultureller Veranstaltungen begleitet, bot mir den Reiz, den ich damals brauchte.« Sie machte eine Pause, in der sie Julia mit ernster Miene ansah. »Außerdem sagte ich rückblickend.«

»Okay, ich habe verstanden.« Die Kommissarin hielt dem Blick der Zeugin problemlos stand. »Wann haben Sie denn nun Schluss gemacht?«, bohrte sie in sachlichem Ton weiter. Fabienne Wächter räusperte sich. »Ungefähr zehn Tage nach unserer Rückkehr. Clemens rief an und überlegte, ob man solch einen Ausflug nicht an anderer Stätte, beispielsweise in Paris, Florenz oder Venedig, wiederholen könne. Ich fragte ihn, ob er …«

»Hatten Sie zwischendurch keinen Kontakt?«, unterbrach Alois Schön.

»Abgesehen von zwei SMS nicht. Mit der ersten hat er sich für meinen hervorragenden Service bedankt, die zweite schrieb er, um mir mitzuteilen, dass er derzeit sehr viel zu tun habe und man sich deswegen die Woche nicht sehen könne.«

Diese Aussage stimmte mit den Recherchen der Ermittler überein. »Danke, fahren Sie bitte fort«, forderte Alois Schön die Zeugin deshalb freundlich auf.

»Clemens meinte, es müsse nicht immer ein Gerichtstermin sein, es gäbe ausgesprochen interessante Fachseminare im Ausland. Also diskutierten wir, welche Stadt die schönste sei und ob man die Zweisamkeit noch steigern könne.« Fabienne Wächter schluckte. »Und dabei fragte er mich, ob ich mir auch einen Dreier vorstellen könne. Ich dürfe mir aussuchen, ob die dritte Person männlich oder weiblich sein solle, wobei er natürlich eine Frau bevorzuge. Womöglich wüsste ich sogar eine Freundin, der so etwas gefiele. Aber es würde ihn ebenso reizen zu erfahren, wie ich abginge, wenn ich es mit zwei Männern gleichzeitig triebe.« Sie war sichtlich erregt. »Mir stockte der Atem, mein Herz schlug wie wild. Ich schrie, ob er denn vollkommen übergeschnappt sein. ›Ruf mich nie wieder an, du Scheißkerl!‹, beendete ich das Telefonat sofort.« Als sie sich beruhigt hatte, fügte sie trocken hinzu: »Gott sei Dank hat er sich daran bis heute gehalten.«

Die Frage, ob sie ihrem Mann den Seitensprung gebeichtet habe, ließ Fabienne Wächter unbeantwortet.

»Die Tatsache, dass er so lange vor seinem Geschäftstermin verreist ist und sich nicht bei Ihnen meldet, spricht dafür, dass er eine Auszeit von Ihrer Ehe nimmt«, hakte Alois Schön deshalb nach.

Daraufhin atmete die Zeugin deutlich vernehmbar aus: »Ja, habe ich.« Machte erneut eine Pause. »Vor etwa zehn Tagen, ich glaube am Donnerstag vorletzter Woche.« Nervös kratzte sie sich am Arm. »Ich weiß nicht … irgendwie plagte mich … wenn ich Peter so sah.« Ihre Augen schwirrten hektisch im Raum umher. »Außerdem wollte ich, dass so etwas nie wieder vorkommt!« Dieser Satz klang aggressiv und verzweifelt zugleich. »Er war doch auch nicht ganz unschuldig!«, schloss sie wild gestikulierend ihre Ausführungen.

Der Leiter der Mordkommission ließ sich von der Hektik der Zeugin nicht anstecken. Ruhig saß er auf seinem Stuhl. Als ob ihn die Sache überhaupt nichts anginge. Er dehnte die Pause so lang wie möglich. Bis zur totalen Schmerzgrenze. »Und?«, blieb er darüber hinaus ausgesprochen wortkarg.

In der Tat wirkte Fabienne Wächter verunsichert. »Wie reagieren Sie denn, wenn Ihnen Ihre Partnerin mitteilt, sie wäre fremdgegangen?«, antwortete sie patzig.

Alois Schön blickte die Zeugin abermals stoisch an und schwieg. Er wollte sie zwingen weiterzusprechen.

Mit Erfolg. »Er hat mir zugehört und ist danach wortlos in sein Arbeitszimmer gegangen.« Fabienne Wächter sprach mit jedem Wort schneller. »Ob er unser Haus zwischendurch verlassen hat, wann er ins Bett ging und wieder aufgestanden ist, weiß ich nicht. Ich hatte vor dem Zubettgehen zwei Schlaftabletten genommen, sonst hätte ich bestimmt kein Auge zugemacht!«, entschuldigte sie sich. »Aber die Bettwäsche auf seiner Seite war am Morgen zerknüllt, also muss er neben mir gelegen haben.« Erst jetzt holte sie Luft. »Auf dem Frühstückstisch lag ein Zettel, er würde auswärts essen, und am Abend hat Peter mir mitgeteilt, er würde bereits am Samstag nach Hamburg fahren. Gesprochen haben wir bis dahin so gut wie gar nicht, auch seine Koffer hat er alleine gepackt.« Gleichwohl klang ihre Aussage, als ob ein Schüler ein langweiliges Gedicht herunterleiert. Sie holte tief Luft, bevor sie mit der Frage »Sind Sie nun zufrieden?« ihren Vortrag schloss.

»Was haben Sie letzten Montag gemacht?«, meldete sich erneut Julia zu Wort.

»Nichts Besonderes. Lange geschlafen, das Haus aufgeräumt, ein bisschen Jogging, gewaschen und gebügelt.«

»Gibt es dafür Zeugen?«

»Nicht, dass ich wüsste.«

»Das heißt, Sie haben für die Zeit der Entführung kein Alibi!«

»Kann vorkommen, wenn der Mann auf Geschäftsreise ist.«

»Und weshalb haben wir Sie am Freitag nicht erreicht?«

»Da habe ich Peter in Hamburg besucht. Ich bin am Donnerstagabend zu ihm geflogen und erst gestern Nacht zurückgekehrt.« Ruhig sah sie Alois Schön an. »Ich hoffe, Sie legen es mir nicht negativ aus, dass ich versucht habe, meine Ehe wieder auf Vordermann zu bringen.«

Der faltete die Hände zusammen und schaute ernst zurück. »Angesichts der Tatsache, dass Ihr früherer

Geliebter zur selben Zeit in Hamburg verschwunden ist ...«

»Bitte was?« Fabienne Wächter stockte der Atem. Sie lehnte sich auf ihrem Stuhl zurück, kreuzte die Beine übereinander und verschränkte die Arme vor ihrer Brust. Ihr Mund war leicht geöffnet, die Wangen angespannt. »Und jetzt glauben Sie, ich oder mein Mann hätten etwas damit zu tun!«

»Nein«, erwiderte Alois Schön, »das hätte ich Ihnen bereits gesagt. Allerdings brauche ich von Ihnen einen exakten Ablauf, was Sie in der letzten Woche getan haben. Mit Zeugen, Belegen und allem Drum und Dran. Am besten machen Sie eine Excel-Tabelle mit Uhrzeit, Aufenthaltsort etc. pp. Machen Sie es so genau wie möglich, es ist in Ihrem eigenen Interesse!«

»Selbstverständlich.« Die Anspannung der Zeugin legte sich nur langsam. »Kann ich Ihnen diese auch per E-Mail schicken?«

»Natürlich.« Alois Schön stand auf und überreichte Fabienne Wächter seine Visitenkarte. »Die Belege müssen Sie nicht einscannen. Es reicht, wenn Sie sie in einer Spalte notieren und für eventuelle Rückfragen aufbewahren.«

»Danke, das erleichtert mir die Arbeit ungemein.« Mit diesen Worten verließ Fabienne Wächter die Räume in der Hansastraße.

»Von ihrem Mann in Hamburg sollten wir das Gleiche verlangen«, schlug Julia vor.

»Unbedingt.« Alois Schön hatte den Hörer bereits in der Hand, um Diana anzurufen.

Peter Wächter zeigte sich ausgesprochen kooperativ. Er werde die Liste anfertigen, sobald er mit der Überarbeitung einer nicht ganz stimmigen Szene fertig sei. Allerdings solle man sich vor allem hinsichtlich Zeugen nicht zu viele Hoffnungen machen. Denn die meiste Zeit habe er alleine auf seinem Zimmer, bei einsamen Wanderungen und beim Angeln verbracht.

»Überlegen Sie, ob Sie nicht doch gesehen wurden! Ein Besuch an der Eisdiele, ein Gang zum Bäcker oder zum Supermarkt oder ein kurzer Plausch mit Spaziergängern, selbst wenn Sie sie nur flüchtig kannten. Auch Kleinigkeiten können helfen«, erläuterte Diana. »Schildern Sie uns Ihre Woche so detailliert wie möglich. Um die Überprüfung Ihrer Angaben kümmern wir uns dann schon.«

Am Nachmittag übersandte die Bank die fehlenden Kontoauszüge. Clemens Christ hatte am Mittwoch 20.000 Euro in bar abgehoben. Er war mittags extra in die Zentrale gefahren, weil seine Filiale die Auszahlung einer solchen Summe nicht kurzfristig bewerkstelligen konnte.

DUMM GELAUFEN

Die Sonne hatte die Wolken vertrieben, als Hans Hansen – der Mann hieß wirklich so – sein Fahrrad an die verklinkerte Wand seines Ferienhauses lehnte. Er klingelte. Beim zweiten Mal länger und fester.

An allen Fenstern waren die Rollläden weit heruntergelassen. Der von der Küche war sogar ganz geschlossen. Als ob der Gurt gerissen wäre. Hans Hansen öffnete die Tür zwischen Garage und Wohnhaus.

»Halloo? Hier ist Hans Hansen, Ihr Vermieter! Jemand zu Hause?«

Der Sandkasten war abgedeckt, die Terrasse aufgeräumt. Hans Hansen bückte sich, um einen Blick unter dem Rollladen hindurch ins Innere des kleinen Zimmers zu werfen. Was er sah, war sauber und ordentlich. Zumindest das Rollo in der Küche wollte er sich noch ansehen. Also schloss er die Haustür auf.

Irgendwie roch es hier komisch. Die Küchentür ließ sich nicht einmal halb öffnen. Irgendetwas blockierte. Vorsichtig streckte er seinen Kopf durch den Spalt und lugte um die Ecke. Da lag ein Mensch! Völlig verkohlt.

Nichts wie weg.

Er rannte in den Garten, wo er sich übergab. Anschließend verständigte er die Polizei.

»Haben Sie uns angerufen?« Diana Schubert traf nur wenige Minuten nach den Kollegen der Spurensicherung am Tatort ein.

Hans Hansen nickte. Dem ihm dargebotenen Ausweis schenkte er keine Beachtung. Kreidebleich saß er auf der Treppe zu seinem Ferienhaus. Obwohl das Vordach Schatten spendete, schwitzte er am ganzen Körper, standen die Haare an seinen Unterarmen senkrecht zu Berge.

»Können wir ein Stück gehen?«, erkundigte sich die Oberkommissarin, »dann sind wir den Kollegen nicht im Weg.« Als sie das Erbrochene im Blumenbeet sah, bot sie Hans Hansen einen Kaugummi an.

Er entfernte das Papier, steckte den Kaugummi in den Mund und erhob sich. »In Ordnung.«

»Kennen Sie die tote Person?«

»Ich habe mir die Leiche kaum angeschaut.« Hans Hansen blieb stehen und sah Diana an. »Außerdem war sie ziemlich verkohlt. Aber wenn ich davon ausgehe, dass es ein Mann ist.« Dennoch schien es, als blickten seine Augen durch die Kommissarin hindurch. »Was ich persönlich glaube …« Darüber hinaus sprach er bedeutend leiser. »… dann ist es vermutlich Clemens Christ, ein Anwalt aus München. Er und seine Familie haben mein Haus für ihre Sommerferien gemietet. Für vier Wochen!« Anschließend setzte er sich erneut in Bewegung.

Weil Diana ihn fragte, erläuterte er den Grund für seinen Besuch: Es habe sich bewährt, ein persönliches

Verhältnis zu seinen Feriengästen aufzubauen. Deshalb erkundige er sich stets nach ein paar Tagen, ob sie sich in seinem Haus wohlfühlten, und gebe auch gerne individuelle Ausflugstipps. Solvente Langzeitmieter wären schließlich dünn gesät, die Chance, dass ein Gast wiederkomme, steige ebenfalls enorm. Und bestimmt hätte der Anwalt noch zahlungskräftige Freunde oder Mandanten, denen er die Gegend und sein Ferienhaus empfehlen könne.

Obwohl Diana seinen Blickkontakt suchte, ihn immer wieder anschaute, starrte Hans Hansen den ganzen Weg lang auf den Boden. Aber irgendwie passte es zu ihm. Ein verschlossener Allerweltskerl von Anfang 40, dem vermutlich noch nie jemand gezeigt hatte, wie man sich selbstbewusst und positiv präsentiert. Mit herunterhängenden Schultern, nur wenigen Haaren und beigebrauner Kleidung ohne jede Eleganz. Dazu Sandalen, die schon bessere Tage gesehen hatten.

Da es am Morgen geregnet habe, berichtete er, habe er vermutet, dass seine Gastfamilie zu Hause sei. Doch als er angerufen habe, ob alles in Ordnung sei, hätte niemand abgehoben. Also habe er sich gegen Mittag aufs Fahrrad geschwungen, da er davon ausgegangen sei, dass das Baby Mittagsschlaf halte.

»Das war's wohl mit Gästen. Wer macht schon Urlaub in einem Haus, in dem jemand ermordet wurde?«, jammerte er, als sie zum Grundstück zurückkehrten.

Diana war fassungslos, ließ sich jedoch ihren Unmut nicht anmerken. Hatte der Mann keine anderen Probleme? »Wir benötigen sämtliche Informationen, die Sie von Ihrem Mieter haben: E-Mails, Briefe, Mietvertrag, Bankverbindung etc. pp.«

»Hat das Zeit bis morgen?«

»Selbstverständlich nicht!« Diana packte Hans Hansen am Ärmel und drehte ihn so zu sich, dass sie ihm in die Augen schauen konnte. »Ist das ein Problem für Sie?«

Der wurde verlegen. »Natürlich habe ich einen Mietvertrag, allerdings nur mit der Unterschrift von Frau Christ. Sie hat ihn Mitte Juni unterschrieben und Miete und Kaution sofort in einer Summe bar bezahlt.«

»Na, passt doch. Ich wusste doch, dass Sie uns helfen können.« Diana störte es nicht, dass ihre Antwort schnippisch klang. »Also lassen Sie uns zu Ihnen fahren.« Sie nahm ihr Smartphone und schrieb nach München, sie brauche umgehend Fotos von Clemens und Katja Christ auf ihr Handy.

»Mitte Juni? Das war aber sehr kurzfristig«, erkundigte sie sich im Auto. »Sollten Sie um diese Zeit nicht längst ausgebucht sein?«

»Normalerweise schon«, antwortete Hans Hansen leise. »Dieses Jahr jedoch war alles wie verhext. Vielleicht lag's daran, dass die süddeutschen Bundesländer noch Schule hatten, womöglich auch an der Fußball-EM. Zudem hatte mir ein Ehepaar aus Hessen unerwartet abgesagt. So kam es, dass ich plötzlich im Juli überhaupt keine Gäste hatte, da kam mir der Anruf der Familie Christ ausgesprochen gelegen.«

Ansonsten wurde während der Fahrt nicht gesprochen. Hans Hansen verharrte in seinen Gedanken. Zu Hause schien es ihm wieder besser zu gehen. Zumindest war er nicht mehr so blass.

Schon bei Betreten des Grundstücks erkannte Diana, dass es sich um das Domizil eines alleinstehenden Mannes handelte. Der Rasen war ordentlich gemäht, Blumen dagegen Mangelware. In der Garderobe hing ein älteres Foto mit Trauerflor. Vermutlich handelte es sich um Hansens Mutter. Wohnzimmer und Küche waren zweckmäßig eingerichtet und tipptopp aufgeräumt. Aber irgendwie schien hier alles düster und trist.

»Ist das die Frau, die den Mietvertrag unterschrieben hat?«

Nachdem sie am Wohnzimmertisch Platz genommen hatten, zeigte Diana Hans Hansen ein Foto von Katja Christ. Ihr Diktiergerät hatte sie in die Mitte des Tisches gestellt.

Der Vermieter schüttelte den Kopf.

»Wie sah sie dann aus?«

Hans Hansen antwortete nicht. Stattdessen blickte er leer an Diana vorbei Richtung Fenster. »Heißt das?«, erhob er seine Stimme, ohne den Satz zu vollenden, um kurz darauf von vorn zu beginnen. »Glauben Sie etwa, die Frau hat den Mann umgebracht?«

»Wir können es zumindest nicht ausschließen«, erwiderte Diana in forderndem Tonfall, »und deswegen brauche ich eine genaue Beschreibung, wie die Dame ausgesehen hat.«

Dennoch dauerte es, bis sie eine Antwort erhielt: »Nicht so pummelig wie die Dame auf Ihrem Foto«, entgegnete er nach längerem Überlegen, »sportlicher und größer ... in etwa so wie Sie!«

Diana freute sich über diesen Vergleich, nahm es als Kompliment. Sie maß 1,69 Meter, lag damit zwischen Julia und Natascha. Wobei die Kolleginnen aus München beide viel schlanker waren. Von einem BMI von gerade mal 20 konnte sie nur träumen. Sie wäre schon froh, wenn sie ihr Gewicht von vor ihrer Schwangerschaft wieder erreichen würde. »Können Sie die Dame noch näher beschreiben?«, erkundigte sie sich entsprechend freundlich.

»Ausgesprochen sympathisch!«, antwortete Hans Hansen rasch. »Ich glaube, rote kurze Haare«, fügte er nach erneutem Nachsinnen hinzu. »Sie sprach Hochdeutsch und konnte sich sehr gewählt ausdrücken«, ergänzte er einige Sekunden später. »Eine flotte Deern ... soweit ich mich erinnere.« Verlegen lächelnd entschuldigte er sich. »Ich habe sie ja nur einmal gesehen.«

»Hatte sie das Kind dabei?«

»Nein.« Hans Hansen schüttelte den Kopf. »Sie fragte bloß, ob im Haus ein Hochstuhl oder vielleicht sogar ein Laufstall für ihre elf Monate alte Tochter wäre.« Mit ruhigem Blick sah er Diana an: »Mit Letzterem konnte ich allerdings nicht dienen.«

Diana sah sich im Raum um. »Wo haben Sie Ihre Unterlagen? Zeigen Sie sie mir bitte, aber lassen Sie das ansonsten mich machen!« Sie hatte ihre Handschuhe bereits angezogen. »Wegen der Fingerabdrücke.«

»Verstehe.« Hans Hansen ging zur Schrankwand, öffnete eine Tür und deutete auf einen Ordner. »Dieser Vertrag müsste ganz oben liegen, ich sortiere nach Datum.«

Vorsichtig verstaute Diana die drei Seiten in ihrer Plastiktüte. Nur kurz hatte sie sich die Unterschrift angesehen. Katja Christ.

»Warum eigentlich haben Sie bei Familie Christ mit Ihrem Antrittsbesuch so lange gewartet?«, wollte sie danach wissen.

»Was meinen Sie?«

»Sie sagten bei unserem Spaziergang, Sie würden sich bei Ihren Mietern immer nach ein paar Tagen nach ihrem Wohlergehen erkundigen, aber bei Familie Christ sind es heute schon zweieinhalb Wochen seit Mietbeginn.« Sie deutete auf das Papier in der Sichthülle.

»Da haben Sie recht, Frau Schubert. Mieterwechsel und Vertragsbeginn sind bei uns immer am Samstag, also in diesem Fall der 30.06.« Hans Hansen sah die Kommissarin emotionslos an. »Frau Christ …« Er stoppte abrupt, »… oder wie auch immer die Dame heißt, erklärte mir, dass sie auf keinen Fall vor Dienstag, vielleicht sogar noch später anreisen werde. Ihr Mann könne frühestens am darauffolgenden Wochenende, vermutlich sogar erst ab Mittwoch, den 11., zu ihnen stoßen. Also dachte ich, ich warte, bis die ganze Familie beisammen ist.«

Diana ließ das bisher Gesagte in ihrem Kopf Revue passieren. So entstand eine kurze Pause. »Herr Hansen, Sie sagten, Sie hätten keine Faxnummer und keine E-Mail-Adresse von diesen Gästen. Wie kam der Kontakt dann zustande?«

»Frau Christ rief mich an und bat um einen persönlichen Termin. Ob es möglich sei, dass sie noch am selben Tag vorbeikomme. Sie begrüße es sehr, dass mein Haus in einer ruhigen Straße liege und keine unmittelbaren Nachbarn besäße. Ihr Mann habe im Alltag genug Stress, weshalb sie im Urlaub absolute Ruhe bevorzugten.«

»Wunderbar, dann geben Sie mir bitte die Telefonnummer, von der sie angerufen hat. Die ist doch bestimmt noch abgespeichert.«

»Ja, sicher.« Hans Hansen ging zu seiner Festnetzstation und klickte die Anrufliste durch: »So ein Schietkram, da steht unbekannt. Sie hat die Rufnummer unterdrückt!« Verlegen trottete er zum Wohnzimmertisch zurück. »Im Mietvertrag stehen nur die Kontaktdaten der Kanzlei. Ich dachte, mehr brauche ich nicht, wenn ein Gast die komplette Miete samt Kaution bar und im Voraus bezahlt.«

Damit war die Befragung beendet. Gemeinsam fuhren sie ins Präsidium, wo Hans Hansen bereitwillig seine Fingerabdrücke abgab.

An ihrem Schreibtisch verglich Diana ein Foto des Toten mit den Bildern, die ihr Natascha geschickt hatte. Obwohl Gesicht und Körper aufgrund der starken Verbrennungen verunstaltet waren, hegte sie nicht den geringsten Zweifel: Bei der Leiche handelte es sich um Clemens Christ. Alles passte: Kopfform, Statur und Größe. Der Gebissvergleich würde ihre Ansicht bestätigen. Also rief sie in München an.

Alois Schön war selbst am Apparat: »Warte, Diana, ich trommle nur schnell mein Team zusammen, dann machen wir eine Art Telefonkonferenz.«

Zehn Minuten später rief er zurück. Er legte den Hörer in die Mitte und stellte Diana auf laut. Die Oberkommissarin berichtete, wie man Clemens Christ gefunden habe und dass er nach ersten Aussagen des Gerichtsmediziners bereits vier bis fünf Tage tot sei. »Unsere Experten sagen, man habe ihn erstochen und mit einer brennbaren Flüssigkeit übergossen. Die Küche, die vermutlich auch der Tatort war, war picobello aufgeräumt.« Diana machte eine kurze Pause. »Die Haustür war unversehrt, keine Spuren eines Einbruchs. Das heißt, Clemens Christ hat seinen Mörder gekannt oder ihm zumindest ohne Argwohn die Tür aufgemacht.«

»Er kennerd aa von ihm neinglassn woarn sei.«

»Das hieße, man hätte ihn in eine Falle gelockt«, kommentierte Alois Schön Martins Gedanken. »Woher hätte er sonst die Adresse gewusst?«

»Glaubt ihr etwa, er wollte Sophia retten?«, meldete sich Natascha zu Wort.

Eine Theorie, an der Julia zweifelte: »Warum hat er dann nicht die Polizei eingeschaltet?«

»Wall, vielleichd woar die Endführung nur Middel zum Zwegg. Dass man des Waagerla gidnäbbd, um den Vadder umzubringe.«

»Hätten wir in diesem Fall nicht längst ein Lebenszeichen der Kleinen bekommen müssen? Dass man sie nach dem Tod des Vaters irgendwo ausgesetzt hat?« Der Leiter der Mordkommission sah den Franken stirnrunzelnd an. Er seufzte, bevor er sich über das Telefon beugte. »Habt ihr denn nichts, was den Täterkreis eingrenzt, Diana?«

»Katja Christ wurde als Mieterin des Ferienhauses ausgeschlossen.«

»Als Mörderin ihres Mannes ist sie dagegen verdächtiger denn je«, merkte Natascha an. »Immerhin war sie zum Zeitpunkt seines Todes in Hamburg.«

»Fabienne und Peder Wächder aach!«

Alle nickten.

»Warum schickt Katja Christ ihren Mann nicht einfach zum Teufel, anstatt ihn zu töten?«, überlegte Julia laut. »Ich finde es viel plausibler, dass ihr Mann mit dem Entführer unter einer Decke steckte.«

Alois Schön nahm den Hörer in die Hand. »Diana, ich weiß, dass ihr aufgrund des Fundorts der Leiche für den Mord an Clemens Christ zuständig seid. Und es liegt mir fern, der Hamburger Polizei vorzuschreiben, wie sie ihre Arbeit zu verrichten hat. Aber es ist doch offensichtlich, dass die beiden Fälle zusammenhängen. Deswegen schlage ich vor, dass du noch einmal Peter Wächter interviewst, während wir uns hier in München um seine Frau und Katja Christ kümmern. Über die Ergebnisse tauschen wir uns anschließend aus. Unbürokratisch und auf dem kleinen Dienstweg.«

»Aye, Aye Captain!«, beendete diese daraufhin das Telefonat.

VERSÖHNUNG

Fabienne Wächter stand im Garten auf einer Leiter und sägte an einem morschen Ast, als Alois Schön mit Natascha am Grundstück vorfuhr.

»Ich habe Ihnen die Liste doch schon geschickt!«, rief sie ihnen zu. Erst als der Ast zu Boden fiel, kletterte sie die Leiter hinunter und öffnete die Gartentür.

»Ihre E-Mail ist bei uns angekommen, meine Leute überprüfen bereits Ihre Angaben. Dennoch müssen wir Sie erneut befragen. Und zwar bei uns in der Hansastraße.« Alois Schöns Stimme ließ nicht den geringsten Zweifel an der Ernsthaftigkeit seines Anliegens.

»Kann ich mir wenigstens noch die Hände waschen?«

»Natürlich.«

»Was ist denn Dramatisches passiert?« Weil Alois Schön nicht sofort antwortete, steuerte Fabienne Wächter im Haus die Toilette an. Mit Nagelbürste und Seife entfernte sie die Erde auf Armen und Fingern. Sie grinste, nachdem sie sich mit dem Handtuch abgetrocknet hatte. »So, Herr Kommissar, nun bin ich wieder absolut sauber, porentief rein, wie die Waschmittelwerbung sagt. Sie können mich also ohne Bedenken auffangen, wenn ich gleich aufgrund Ihrer Nachricht in Ohnmacht falle.«

Der Leiter der Mordkommission verzog keine Miene.
»Clemens Christ wurde ermordet, Ende letzter Woche
in Hamburg!«

Tatsächlich musste sich Fabienne Wächter an der
Wand abstützen. Ihr Lachen erstarrte. So dauerte es einen
Moment, bis sie in der Lage war, die Beamten anzusehen.
»Und jetzt verdächtigen Sie mich?« Sie zog die Ober-
lippe nach oben.

»Auch wenn wir Sie momentan nur als Zeugin befragen, sollten Sie sich mit einem Rechtsbeistand beraten.«

»Danke, ich brauche keinen Anwalt. Aber es wäre
nett, wenn ich mir kurz noch etwas anderes anziehen
könnte.«

Natascha folgte ihr ins Schlafzimmer, während Alois
Schön im Flur wartete. Anschließend fuhren sie gemeinsam ins Westend.

»Aufgrund der neuen Umstände benötigen wir eine
detaillierte Schilderung Ihres Aufenthaltes in Hamburg.
Was Sie gemacht haben, wen Sie getroffen haben und
so weiter und so fort.« Alois Schön verspürte nicht die
geringste Lust auf Small-Talk.

Fabienne Wächter streifte ihre Haare mit beiden Händen nach hinten. »Ich sagte doch schon, ich habe mich
mit meinem Mann versöhnt!«

»Geht es etwas genauer?«

»Wir hatten Sex.« Sie lehnte sich zurück und verschränkte die Arme vor ihrer Brust. »Ausgiebig und in
allen möglichen Variationen.« Trotzig sah sie die Kriminalbeamten an. »Das muss Ihnen genügen!«

»Tut es aber nicht!«, erwiderte Alois Schön zornig, bevor er wissen wollte: »Glauben Sie wirklich, mich interessiert Ihr Eheleben, Frau Wächter?« Während seine Stimme bei dieser Frage einen gewissen Sarkasmus nicht verhehlen konnte, sprach er die nächsten zwei Sätze ungewohnt laut: »Wir reden hier über Mord, über Mord an Ihrem Geliebten! Dessen elf Monate alte Tochter noch immer verschwunden ist!«

»Ehemaliger Geliebter, bitte.« Fabienne Wächter saß ungerührt da, hatte lediglich ihre Augen zusammengekniffen. »Ich habe die Affäre Mitte Mai beendet und Clemens Christ seitdem nicht mehr gesehen. Also ehemaliger, bitte, so viel Zeit muss sein.« Sie beugte sich ein Stück weit nach vorne und legte ihre Unterarme auf den Vernehmungstisch. »Abgesehen davon … ich war's nicht«, entgegnete sie mit einem süffisanten Lächeln.

»Dann haben Sie auch nichts zu befürchten und können uns frei von der Leber weg berichten, was Sie in Hamburg getrieben haben«, merkte Natascha, die ihren Stuhl absichtlich vom Tisch abgerückt hatte, an.

Doch Fabienne Wächter schüttelte den Kopf.

»Sie hatten Motiv und Gelegenheit!«, verschärfte die Kommissarin daraufhin den Ton. Und erhielt dafür einen Blick voller Zynismus und Verachtung.

»Warum fangen wir nicht mit den einfachen, unverfänglichen Dingen an?« Alois Schön erkannte, dass man so nicht weiterkam. Er sprach bewusst ruhig. »Wann haben Sie sich mit Ihrem Mann in Hamburg getroffen?«

»Am Donnerstagabend, ich flog von München mit der letzten Maschine.« Die Zeugin griff nach dem Wasserglas. »Und Sonntagnacht zurück, aber das wissen Sie ja bereits.«

»Haben Sie noch die Bordkarten?«

»Eher nicht. Aber ich kann nachschauen.«

»Und wo haben Sie übernachtet?«

»Wieder im Louis C. Jacob.« Als Fabienne Wächter realisierte, dass nicht nur die Kommissare, sondern sogar die Schreibkraft erstaunt schauten, fügte sie leise hinzu. »Peter wollte das so. Wobei er uns eine zweiräumige Suite buchte, während Clemens und ich damals in einem Zimmer mit Blick auf die Elbe wohnten.«

»Ein schönes Hotel, aber nicht billig, ich habe es mir im Internet angeschaut. Aber für eine Versöhnung durchaus das passende Ambiente.«

»Nicht nur für eine Versöhnung, mein lieber Herr Kommissar. Auch für einen normalen Kurzaufenthalt mit Ihrer Partnerin kann ich Ihnen das Hotel wärmstens empfehlen. Der Leiter einer Mordkommission sollte sich das leisten können. Vorausgesetzt, er ist bereit, in seine Beziehung zu investieren.«

»Das bin ich.« Alois Schön lächelte die Zeugin an. »Ich werde Ihren Vorschlag bei meiner nächsten Reise nach Hamburg in Erwägung ziehen.« Bewusst ließ er etwas Zeit verstreichen, bevor er fortfuhr: »Bei ihrer letzten Vernehmung sagten Sie, Ihr Mann hätte nach Ihrer Beichte nur noch ein paar Worte mit Ihnen gesprochen. Wie kam es dann zu der Idee mit dem Wochenende in Hamburg?«

Fabienne Wächter lehnte ihren Kopf zurück. Ihre Blicke wanderten im Raum umher. Zur Protokollführerin, an die Decke, zu Alois Schön, rechts zu Natascha und links an die Wand. »Also gut.« Erneut griff sie nach dem Wasserglas. Sie trank in kleinen Schlucken. »Sie wissen so gut wie ich, dass ich Ihnen eigentlich gar nichts erzählen muss.« Trotzig sah sie den Leiter der Mordkommission an. »Damit ich nicht mich, meinen Mann, Franz Josef Strauß, den Hund vom Nachbarn blabla blabla blabla belaste.« Ihre Miene wurde von Sekunde zu Sekunde finsterer. »Aber wenn ich den Mund halte, setzen Sie mich und Peter auf der Liste Ihrer Verdächtigen ganz nach oben. Ist doch so, oder?«

»Sagen wir, durch Ihre Kooperationsbereitschaft rutschen Sie auf der Liste weiter nach unten.« Trotz seiner Erfahrung konnte Alois Schön in diesem Moment nicht einschätzen, was in der Zeugin vorging. Ein neutraler Blick in Verbindung mit einer Pause erschien ihm am sinnvollsten, um sie zu einer Antwort zu bewegen.

Mit Erfolg. »Um auf Ihre Frage zurückzukommen.« Fabienne Wächter setzte sich aufrecht hin. »Am Samstagmorgen. Peter hatte seine Koffer bereits im Auto, als er zu mir kam und mich fragte, ob mir an der Fortsetzung meiner Ehe überhaupt noch gelegen sei? Als ich bejahte, sagte er, er wolle mit mir ebenfalls so ein Wochenende in Hamburg verbringen, Fabienne solle auch ihm alle Wünsche erfüllen.«

»Hat er Sie vom Flughafen abgeholt?«

»Wo denken Sie hin, Herr Kommissar? Das passte doch gar nicht zu der Rolle, die ich zu spielen hatte.«

»Mit Rolle meinen Sie die Dame, die dem Herrn jeden Wunsch erfüllt. Egal, was er von ihr fordert.«

Fabienne Wächter antwortete nicht. Stattdessen biss sie sich auf die Lippen.

»Sie fuhren also mit dem Taxi zum Hotel.«

»Natürlich. Peter war schon dort.«

»Wie ging es weiter?«

»Das sagte ich doch schon, wir haben uns versöhnt!«

»Stimmt, das erwähnten Sie bereits.« Alois Schön hatte kein Interesse, den Blutdruck der Zeugin ansteigen zu lassen.

»Erst am Samstagmittag schlug Peter vor, dass wir uns die Stadt anschauen.« Fabienne Wächter lehnte sich auf ihrem Stuhl zurück.

»Heißt das, Sie und Ihr Mann haben das Hotelzimmer von Donnerstagabend bis Samstagmittag nicht verlassen?«, hakte Natascha nach.

»Korrekt.«

»Sie waren nicht einmal im Restaurant zum Essen oder im Spa-Bereich?«

»Wir hatten doch uns.« Die Zeugin lächelte.

Auch Alois Schön hatte sich Gedanken gemacht, ob diese Aussage stimmen konnte. Aber gemäß dem Grundsatz »Im Zweifel für den Angeklagten« musste er Fabienne Wächter glauben, bis das Gegenteil bewiesen war. Und das konnte er nicht. Auch die Liste ihrer Aktivitäten der vergangenen Woche bot bisher keinen Anlass, an ihrer Ehrlichkeit zu zweifeln. »Und was genau haben Sie am Samstag gemacht?«, erkundigte er sich deshalb in charmantem Ton.

»Das übliche Touristenprogramm halt.«

»Haben Sie dafür noch Belege? Eintrittskarten, U-Bahn-Tickets oder so?«

»So einen Mist habe ich noch nie aufgehoben.« Die Augen der Zeugin verengten sich zu winzigen Schlitzen. »Außerdem ist das Ihr Job und nicht meiner!«

Alois Schön zog es vor, die letzte Bemerkung zu ignorieren. Er sah die Ehefrau freundlich an. »Demzufolge wurde das Ziel Ihrer Reise erreicht. Richtig?«

»Ja.« Fabienne Wächter nickte. »Ab Samstagnachmittag war wieder alles im Lot.«

»Warum sind Sie dann nicht länger geblieben? Oder weshalb ist Ihr Mann nicht mit Ihnen nach München zurückgeflogen? Jetzt, wo Sie sich wieder vertrugen.« Alois Schön musste sich bremsen, um nicht »ein Herz und eine Seele« zu sagen. Die Worte hatten ihm bereits auf der Zunge gelegen, erschienen ihm dann aber doch zu unprofessionell und kumpelhaft.

»Peters Geschäftstermin ist doch schon nächsten Donnerstag«, erklärte Fabienne Wächter. Bis dahin müsse er jede Minute nutzen, um am Drehbuch zu feilen, das Hin-und Herfliegen sei in solch einer Situation nur Zeitverschwendung. Außerdem hätte sich für den Nachmittag eine alte Schulfreundin von auswärts angesagt, der Termin sei seit Wochen ausgemacht. Folglich hätte sie momentan gar keine Zeit, um sich um ihren Mann zu kümmern. Sie holte kurz Luft. »Wenn Peters Geschäftstermin erfolgreich verläuft, werden wir wohl am Wochenende darauf noch mal wegfahren«, schloss sie ihre Antwort. »Ansonsten wäre ich froh, wenn wir unser Gespräch so schnell wie möglich beenden können. Bevor mein Besuch kommt, habe ich noch einige Dinge zu erledigen.«

»Wir werden Ihre Zeit nicht länger als nötig beanspruchen«, erwiderte Alois Schön trocken. Seine Frage, ob sie zwischen ihren Liebesausflügen noch einmal nach Hamburg gereist wäre, verneinte die Zeugin.

Somit gab es nur noch einen Punkt zu klären: »Sind Sie mal im Wagen von Herrn Christ mitgefahren?«, erkundigte sich Alois Schön.

»Ja, ein oder zwei Mal.« Fabienne Wächter lächelte den Leiter der Mordkommission an. »Es würde mich daher nicht wundern, wenn Sie meine DNA oder einen Fingerabdruck von mir in seinem Porsche finden.«

»Gut zu wissen. Dann bitte ich Sie, uns Ihre Fingerabdrücke und ein Haar zum Abgleich zu überlassen, bevor Sie sich auf den Heimweg machen.«

Kurz darauf verließ die Zeugin mit zwei Haaren weniger die Räume in der Hansastraße.

ALLES NUR SHOW?

In Hamburg unterhielt sich Diana zur selben Zeit mit dem Ehemann. Sie hatte eine Streife zu seiner Pension nach Blankenese geschickt, damit die Kollegen Peter Wächter ins LKA am Bruno-Georges-Platz bringen.

»Moin, Frau Kommissarin«, begrüßte er Diana, als sie den Vernehmungsraum betrat, »danke für den Fahrdienst, aber ich wäre auch mit den Öffentlichen gekommen.« Einen Block hatte er selbst mitgebracht, ein Bleistift steckte hinter seinem Ohr. »Sie haben doch nichts dagegen, wenn ich mir trotz Ihrer netten Protokollführerin ein paar eigene Notizen mache?«

»Von mir aus.« Diana setzte sich an den Vernehmungstisch. »Herr Wächter, wir befragen Sie vorerst nur als Zeugen, möchten aber nicht verhehlen, dass wir nicht ausschließen, dass Sie auch als Täter in beiden Fällen in Frage kommen.« Mit ernstem Blick sah sie den Autor an. »Sie hatten sowohl ein Motiv als auch die Gelegenheit, sowohl Sophia Christ zu entführen als auch ihren Vater Clemens Christ zu töten.«

»Wenn Sie es sagen.« Sein linker Fuß lag auf seinem rechten Knie, das Bein diente als Unterlage für seinen Block. Peter Wächter sah nicht einmal auf, als er antwortete. Stattdessen flitzte sein Bleistift über das Papier.

Deshalb erkundigte sich Diana noch einmal wesentlich lauter: »Herr Wächter, haben Sie verstanden, was ich gesagt habe?«

»Jo, freili.« Peter Wächter legte seinen Block mit der beschriebenen Seite nach unten. Weshalb er meinte, plötzlich den Urbayern heraushängen zu müssen, blieb sein Geheimnis. »Sie halten es für möglich, dass ich das kleine Mädchen entführt und den Drecksanwalt ermordet habe«, fuhr er in gewohntem Hochdeutsch fort. »Für den Montag habe ich in der Tat kein wasserdichtes Alibi.« Ruhig sah er Diana an. »Im anderen Fall müssten Sie mir erst einmal mitteilen, wann den Kerl sein gerechtes Schicksal ereilt hat.«

»Irgendwann zwischen Donnerstagnachmittag und Samstagmorgen.«

»So ein Mist, da weist mein Alibi ebenfalls Lücken auf.« Der Autor grinste. »Man sollte Alleinschlafen verbieten, nicht wahr, Frau Oberkommissarin?« Obwohl er Diana direkt angesprochen hatte und darüber hinaus frech anschaute, ließ er ihr keine Chance zu antworten. »Ich gehe davon aus, dass Sie als Motiv weniger den verlorenen Prozess, sondern eher die Affäre dieses Winkeladvokaten mit meiner lieben Gattin in Erwägung ziehen. Also die Klassiker, Rache und Eifersucht.«

»Gut erkannt.«

»Aber ich war's nicht!« Peter Wächter lächelte, obwohl es dazu nicht den geringsten Anlass gab. Selbst als er unschuldig die Hände hob, veränderte er seine provozierend entspannte Sitzposition nicht. Erst nach einer kurzen Pause kamen ihm die ersten als seriös einzustufenden Worte über die Lippen: »Wissen Sie was? Ich gebe Ihnen freiwillig meine Fingerabdrücke. Wollen Sie sie gleich oder erst, nachdem wir unseren Plausch beendet haben?«

»Danke für Ihr Angebot«, erwiderte Diana freundlich, »nach unserem Gespräch reicht vollkommen.« Die folgenden Sätze sprach sie dagegen mit besonderem Nachdruck: »Ich bezweifle jedoch, dass diese Unterhaltung so locker wird, wie Sie offenbar meinen. Deshalb mache ich Sie noch einmal darauf aufmerksam, dass Sie nichts sagen müssen, was Sie selbst oder Ihre Frau belastet.«

»Eh klar.« Peter Wächter wirkte nach wie vor gelangweilt. »Ebenso weiß ich, dass ich mir jederzeit einen Rechtsbeistand zur Seite stellen kann. Sollte ich mir keinen leisten können, blabla blabla blabla.« Er schien sich mehr auf seinen Bleistift als auf die Vernehmung zu konzentrieren. »Wobei Sie vermutlich davon ausgehen, dass ich einen Komplizen hatte!«

Diana hatte Mühe, ihre Überraschung zu verbergen. »Richtig, Herr Wächter. Zumindest bei der Entführung der kleinen Sophia. Weil die Betreuung des Kindes alleine zu aufwendig ist.«

»Und weil ein Mann das auf Dauer sowieso nicht schafft!«, ergänzte der Autor hohnlachend.

»Ach, Herr Wächter«, konterte Diana, »das war früher so, aber ich denke, wir leben inzwischen in einer anderen Zeit.« Freundlich lächelnd sprach sie weiter:

»Also mein Mann wäre dazu durchaus in der Lage, der kümmert sich hervorragend um unseren kleinen Sohn.«

»Dann sind sie ja wirklich zu beneiden, Frau Schubert.«

Obwohl sie diesen Zynismus nicht mehr als witzig empfand, antwortete Diana in ruhigem, ihren Worten und der Situation angemessenen Ton: »Unsere Überlegung, dass Sie eine Komplizin haben, beruht auf der Tatsache, dass die Ferienwohnung von einer Frau angemietet wurde.«

Peter Wächter schlug die Seite auf seinem Block um. »Sie behaupten also, dass ich eine Geliebte beauftragt habe, den Ex-Lover meiner Frau zu töten und / oder sein Kind zu entführen.« Seine Stimme klang nun ernst. Mimik und Körpersprache deuteten jedoch nicht darauf hin, dass er sich sorgte oder gar grämte.

»Warum sollte die Komplizin nicht Ihre Frau sein?«, erkundigte sich Diana beiläufig. Wohl wissend, dass Hans Hansens Beschreibung der Mieterin diese Frage nicht unterstützte.

Sie setzte sich auf ihrem Stuhl zurück und beobachtete den Autor auf das Genaueste. Gab es einen Grund für die Show, die er hier abzog?

»Weil Fabienne, abgesehen von den Ihnen bereits bekannten Reisen in diese wunderschöne Stadt, den Freistaat Bayern in den letzten drei Monaten nicht verlassen hat. Wie soll sie dann hier eine Ferienwohnung anmieten?«

Die Oberkommissarin schwieg. War es so ungewöhnlich, sein Domizil für die Sommerferien schon an Weihnachten zu buchen? Oder kannte Peter Wächter den Zeitpunkt der Anmietung?

»Vorausgesetzt, wir haben Sie nicht angelogen«, fuhr dieser fort. »Genauso könnte eine dritte, Ihnen unbekannte, weibliche Person mit uns unter einer Decke stecken.«

Das war dann doch des Guten zu viel. Diana wurde laut. »Sagen Sie mal, Herr Wächter, nehmen Sie mich überhaupt ernst?«

»Nicht so sehr.« Der Angesprochene rückte mit dem Stuhl einige Zentimeter an den Tisch heran. »Dass, was Sie hier zum Besten geben, erinnert mich stark an eine Krimikomödie. Also erzählen Sie ruhig weiter. Vielleicht erhalte ich so ein paar neue Ideen für ein Skript.«

Die Kommissarin verzog keine Miene. »Dann sollten wir mit der Hotelszene beginnen. Es stimmt doch, dass Ihre Frau Sie in Hamburg besucht hat, oder?«

»Wenn Sie es sagen. Vermutlich wissen Sie auch, dass wir im Louis C. Jacob wohnten, Fabienne am Donnerstag anreiste und bis Sonntag blieb.«

Diana lächelte. Es musste ja niemand wissen, dass der Name des gewählten Hotels für sie neu war. Darüber hinaus hoffte sie, so ihre Überraschung verbergen zu können. Wieso hatte der Autor das Treffen mit seiner Frau nicht schon bei ihrer Frage nach seinem Alibi erwähnt? Ein Punkt, den es zu klären galt. Was nicht bedeutete, dass sie ihn darauf direkt ansprechen würde. Nicht, bevor sie wusste, was die Ehefrau in München erzählt hatte. »Natürlich. Nichtsdestotrotz benötigen wir Ihre Version der Geschichte.«

Statt zu antworten, riss Peter Wächter die beschriebene Seite von seinem Block ab und hielt sie der Kommissarin entgegen. »Wie gefällt Ihnen das Porträt? Habe ich Sie gut getroffen?«

Für einen Moment war Diana baff.

»Möchten Sie es?«

Sie konnte nun schimpfen, etwas von Missachtung der Polizeigewalt oder vom Ernst der Lage faseln. Oder besonnen bleiben. Diana entschied sich für Letzteres: »Ja, gerne, es ist toll!« Ein absolut ehrliches Lob. Sogar die unterschiedlichen Grau- und Schwarztöne ihrer Haarfarbe hatte er hingekriegt. Mit einem einzigen Bleistift, Respekt! Diese Zeichnung schmeichelte ihr mehr als ein Foto. Denn die Dinge, die ihr selbst an sich nicht so gut gefielen, ihre leicht strohigen Haare und ihr rundliches Gesicht, kamen hier ungemein positiv rüber. »Ein Mensch, der schreiben und zeichnen kann! Das ist selten.«

Mit sichtbarem Stolz schob Peter Wächter das Blatt über den Tisch. Dieses Kompliment schien er sehr zu genießen. Entspannt lehnte er sich auf seinem Stuhl zurück.

»Danke, ich werde es einrahmen und zu Hause aufhängen.« Diana lächelte freundlich, bevor sie den Zeugen mit ernster Miene ansah. »Aber vorher brauche ich noch Ihre Aussage.«

»Bis Samstagmittag haben wir das Hotelzimmer nicht verlassen, danach haben wir Hamburg unsicher gemacht.«

Peter Wächter verschränkte seine Arme hinter dem Kopf, sah die Oberkommissarin selbstbewusst an.

Für Diana ein Grund, in die Offensive zu gehen. Sie hoffte, den Herrn verunsichern zu können. »Sie wohnten doch in einer Pension in Blankenese«, warf sie dem Kerl einen Wortbrocken hin.

»Richtig«, erwiderte Peter Wächter grinsend, »aber dort sind die Betten nicht so kuschelig.« Anschließend erklärte er in ruhigem Tonfall, dass er dem Wirtsehepaar gesagt habe, dass er abreise, es aber gut sein könne, dass er nach ein paar Tagen wieder zu ihnen zurückkehre. »Was ich dann auch getan habe«, ergänzte er, bevor er hinzufügte: »Sie und Ihre Kollegen können meine Aussage doch bestimmt leicht überprüfen.« Seine zur Schau gestellte Arroganz veranlasste Diana, abrupt das Thema zu wechseln. »Sie waren nicht einmal im Frühstücksraum oder abends in der Bar?«

»Korrekt. Auf unserer Suite war es viel romantischer.«

»Geht es etwas genauer?« Diana fühlte sich nach wie vor auf den Arm genommen.

»Wie genau soll's denn sein, Frau Kommissarin? Sie wissen doch, dass ich mich im Louis C. Jacob mit meiner Frau versöhnt habe. Also können Sie davon ausgehen, dass wir Sex hatten. Soll ich Ihnen haarklein erzählen, welche Stellung wir wann, wo und wie lange praktiziert haben? Am besten noch mit der Seitenangabe im Kamasutra, damit Sie es nachlesen können!«

Wie sollte man diesen Affront einschätzen? Handelte es sich hier um die übertriebene Inszenierung eines Drehbuchautors oder hatte Peter Wächter etwas zu verbergen? Anhaltspunkte dafür hatte Diana allerdings nicht. Seine Schilderungen hinsichtlich der Besichtigungen in

Hamburg klangen plausibel, eventuelle Ungereimtheiten konnten sich erst nach einem Vergleich mit der Aussage seiner Frau oder nach der Befragung des Hotelpersonals ergeben. Die Tatsache, dass er keine Belege mehr besaß, durfte sie an der Unschuldsvermutung nicht hindern. Deshalb blieb Diana nichts anderes übrig, als den Autor zu verabschieden.

Martin hatte inzwischen den Zahnarzt der Familie Christ ausfindig gemacht und neben den Fingerabdrücken von Fabienne Wächter Aufnahmen vom Gebiss des Anwalts per E-Mail nach Hamburg geschickt. Demzufolge stand zweifelsfrei fest: Bei dem Toten handelte es sich um Clemens Christ.

Diana erhielt die Nachricht nach ihrer Rückkehr ins Büro. Ebenso hatte sich die Gerichtsmedizin gemeldet. Sie rief sofort in München an. Auf Clemens Christ sei mindestens drei Mal eingestochen worden. Ein Stich von hinten in die Lunge, ein weiterer von vorn ins Herz. Außerdem habe man ihm die Kehle durchgeschnitten, ihn mit Brennspiritus übergossen, angezündet und später wieder gelöscht. Deshalb lasse sich die Reihenfolge der Stiche nicht mehr exakt rekonstruieren. »Ich vermute, der erste Stich kam von hinten«, gab Alois Schön gerne Hilfestellung, »Clemens Christ sackt zusammen und schreit. Also schneidet der Mörder ihm die Kehle durch. Und weil es sich anbietet, rammt er ihm die Tatwaffe ins Herz. Apropos, wisst ihr schon, worum es sich handelt?«

»So könnte es sich abgespielt haben«, bestätigte Diana. »Danach wird die Leiche in Brand gesetzt, um möglichst viele Spuren zu beseitigen und hinterher wieder gelöscht, damit nicht auf einmal die ganze Küche in Flammen steht. Bei der Tatwaffe handelt es sich vermutlich um ein stinknormales Küchenmesser, stabil und scharf.«

»Konntet ihr den Todeszeitpunkt bestimmen?«

»Nur sehr vage. Irgendwann zwischen Donnerstagabend und Samstagmorgen, so genau lässt sich das nicht mehr sagen.«

»Wie sieht's mit Fingerabdrücken aus?«

»Keine, die wir zweifelsfrei mit dem Mord in Verbindung bringen können. Der Tatort wurde vorbildlich gereinigt.«

»So ein Mist.«

»Natürlich fanden wir im Haus diverse Fingerabdrücke, auch von einem Kleinkind im Alter von Sophia Christ.« Diana holte tief Luft. »Außerdem haben wir das Auto.« Sie freute sich erkennbar, ihrem ehemaligen Chef Positives berichten zu können. »Wir fanden den Wagen unversehrt und verschlossen auf dem Parkplatz des Lackierermuseums in Billwerder, nur ein paar Kilometer vom Tatort entfernt. Die Spurensicherung kümmert sich bereits um ihn.«

»Danke für alles, Diana. Wir halten uns gegenseitig auf dem Laufenden«, beendete Alois Schön das Telefonat.

Anschließend bat er Julia, ihn zu Katja Christ zu begleiten. Bis jetzt hatte man – auch wenn es unüblich war – sie noch nicht über den Tod ihres Mannes unterrichtet. Alois Schön hielt es für besser, die Witwe persönlich zu informieren, hatte aber die Vernehmung von Fabienne Wächter als wichtiger eingestuft.

»Hallöchen, Herr Schön, was verschafft mir die Ehre?« Katja Christ schien bestens gelaunt, als die Kommissare bei ihr klingelten. »Wie gefällt Ihnen meine neue Haarpracht? Ich war gestern beim Friseur!«

»Gut.« Alois Schön war schon froh, dass ihm die Zeugin nicht um den Hals gefallen war.

»Möchten Sie einen Kaffee? Wir können auch kurz zum Bäcker laufen und Kuchen holen!«

»Nein, danke. Wir möchten uns nur in Ruhe mit Ihnen unterhalten.«

Katja Christ nahm die Nachricht vom Tod ihres Mannes ausgesprochen gefasst auf. Zuerst bekreuzigte sie sich, anschließend faltete sie ihre Hände locker ineinander. Ihr Blick ging ins Leere. »Sind Sie sicher, dass Ihr Toter Clemens ist?«

»Absolut.«

»Hmmh«, äußerte sie sich überraschend kraftvoll.

Geduldig wartete Alois Schön auf die nächste Äußerung der Witwe. Er wollte ihre Emotionen auf keinen Fall beeinflussen.

Auch Julia hatte Papier und Stift zur Seite gelegt.

»Und Sophia?« Ängstlich sah die Mutter den Leiter der Mordkommission an. »Haben Sie mein kleines Mädchen ebenfalls gefunden?«, erkundigte sie sich mit zitternder Stimme.

»Nein.«

»Ehrlich?« Katja Christ packte Alois Schön am Arm. »Versprechen Sie mir, dass Sie mich nicht anlügen!«

»Großes Ehrenwort. Wir gehen davon aus, dass sie lebt.«

»Gott sei Dank.« Die Zeugin atmete hörbar aus.

»Es spricht vieles dafür, dass Ihr Mann umgebracht wurde, weil er Sophia aus den Händen der Entführer befreien wollte.«

Katja Christ lächelte. »Das halte ich für viel wahrscheinlicher als die Vermutung, die Ihre junge Kollegin aufgestellt hat.« Sie stoppte in ihren Ausführungen, sah Julia kurzzeitig vorwurfsvoll an. »Die war der Ansicht, dass Clemens mit diesen Verbrechern unter einer Decke steckt!« Auch ihrer Stimme war die Entrüstung anzumerken.

Alois Schön wartete deshalb einen Moment, bevor er in sanftem Tonfall antwortete: »Wir können auch das nicht ausschließen. Und genau deswegen benötigen wir Ihre Hilfe, Frau Christ.«

Die wusste jedoch nichts mit der unbekannten Handynummer anzufangen. Ebenso wenig konnte sie erklären, woher ihr Mann die Kidnapper kennen sollte und wie er mit ihnen Kontakt aufnehmen konnte.

Julia sah ihren Chef an. »Dann bleibt nur noch eine Möglichkeit.« Sie vergewisserte sich, ob er sie unterbrechen würde. Als Alois Schön nicht reagierte, stellte sie trocken fest: »Es ist eine Tatsache, dass Ihr Mann zumindest eine Affäre hatte. Was bedeutet, Sie, Frau Christ, hatten ebenfalls einen Grund, ihn umzubringen!«

Katja Christ sah die Kommissarin erbost an. »Sagen Sie mal, spinnen Sie?«

»Wenn er Ihnen Sophia wegnehmen wollte, wird Ihr Motiv noch viel stärker!« Julia fühlte sich in der Rolle des bad cops wohl. »Sie waren zur selben Zeit in Hamburg ...«

Die Beschuldigte schnappte so sehr nach Luft, dass Julia sich nicht traute fortzufahren.

»Erzählen Sie uns doch einfach, was Sie in Hamburg gemacht haben, Frau Christ.« Als guter Polizist sprach Alois Schön so sanft wie möglich.

»Ich habe Ihrer Kollegin doch bereits alles gesagt! Aber offenbar völlig umsonst, sonst hätte sie mir geglaubt.«

Abermals wartete Alois Schön einen Moment, damit sich die Witwe beruhigte. Zudem benötigte er etwas Zeit, um eine gute Antwort auf diesen Vorwurf zu finden. »Mir aber nicht«, erwiderte er nach ein paar Sekunden mit einem sympathischen Lächeln.

Dieses verfehlte seine Wirkung nicht. Katja Christs Mimik hellte sich sichtbar auf.

»Wir Kommissare müssen bei unserer Arbeit auch extreme, sehr unwahrscheinliche Dinge in Erwägung ziehen«, fuhr er fort. »Um sie nach ihrer Entkräftung sofort wieder ad acta legen zu können.« Als er sah, dass die Zeugin nickte, wandte er sich an Julia: »Frau Neubauer, bitte notieren Sie ganz genau, was uns Frau Christ zu berichten hat. Bis ins kleinste Detail!«

Katja Christ schilderte daraufhin ausführlich ihren Besuch in Hamburg. Wann sie im Hotel gefrühstückt hatte, welche Museen sie besucht und wo sie zum Einkaufen war. Sie fand sogar noch einige Kaufbelege und Restaurantquittungen, die ihren Aufenthalt präzisierten.

PECH GEHABT

Diana fuhr am Mittwochmorgen ins Hotel Louis C. Jacob, um die Angaben von Peter Wächter zu überprüfen. Der freundliche Herr an der Rezeption bestätigte, dass der Drehbuchautor am Donnerstag gegen 20 Uhr eingecheckt hatte. Die Abrechnung belegte Frühstück für jeweils zwei Personen an allen drei Tagen sowie Entnahmen aus der Minibar. Nicht viel, aber womöglich doch ausreichend für ein Paar, das überwiegend von Luft und Liebe lebte. Die Bar, das Restaurant oder die Terrasse hatten die Eheleute den Unterlagen nach nicht aufgesucht. Obwohl das Hotel über einen Zwei-Sterne-Koch verfügte.

Die Befragung weiterer Hotelangestellter ergab ebenfalls nichts Neues. Mit Ausnahme der Geschichte, die der Concierge erzählte: Sonntagmittag sei ein wütender Spaziergänger in die Lobby gestürmt, ob es für die Gäste des Hotels normal sei, dass man seine Sachen einfach in die Elbe schmeiße. Um den Herrn zu beruhigen, sei er mit ihm zum Fundort eines Koffers nahe der Jacobstreppe gelaufen.

»Wie kam der Herr gerade auf Sie?«, erkundigte sich Diana.

»Vermutlich, weil wir am nächsten waren«, antwortete der Hotelmitarbeiter, »und wegen des Aufklebers, der auf unser Haus hinwies.« Gemeinsam habe man den Koffer dann geborgen und anschließend geöffnet. Es hätten sich allerdings nur Steine und Reste von verbrannter Kleidung darin befunden. Trotzdem habe er ihn zum Hotel geschleppt und seinen Chef verständigt. Denn auf diese Art von Werbung würde das Hotel gerne verzichten.

»Die Initialen F.W. und ein ›I love München‹-Aufkleber sprachen dafür, dass der Koffer Frau Wächter gehört. Doch als wir Herrn Wächter anriefen – das Ehepaar hatte schon ausgecheckt –, meinte er, sie würden kein Gepäckstück vermissen. Also haben wir das Teil auf den Müll geworfen, es war sowieso nicht mehr zu gebrauchen.«

»Für uns könnte es dennoch interessant sein.« Diana griff zum Handy, um die Spurensicherung zu informieren.

Während ein Kollege das Fundstück ins Labor brachte, fuhr sie mit einer Streife nach Blankenese. Vom Auto aus informierte sie Alois Schön über die neuen Erkenntnisse.

Peter Wächter saß auf seinem Balkon und arbeitete. »Hallo, Frau Schubert, lange nicht gesehen.«

»Machen Sie bitte auf!« Diana stieg mit einem Polizisten die Treppe nach oben, während der zweite am Auto wartete.

Energischen Schrittes betrat sie das Zimmer. »Hiermit nehme ich Sie fest, Herr Wächter! Wegen Flucht- und Verdunkelungsgefahr.«

»Was ist denn los?« Der Autor wirkte tatsächlich verunsichert.

»Sie haben mich belogen!« Dianas Blick machte deutlich, dass ihr das gar nicht gefiel. Obwohl es zum Alltag einer Kriminalkommissarin gehörte. »Wir wissen, dass Sie das Hotel entgegen Ihrer Schilderungen mehrfach verlassen haben!«

»Wie kommen Sie denn darauf?«

»Wir haben den Koffer Ihrer Frau gefunden.« Diana sah Peter Wächter mit grimmiger Miene an. »Zwar brauchen wir noch etwas Zeit, um Ihnen das endgültig zu beweisen, aber so lange bleiben Sie in unserer Obhut.«

»Ich versteh nur Bahnhof.« Peter Wächter schüttelte ungläubig den Kopf. »Wenn Sie meinen.« Fragend sah er die Kommissarin an. »Darf ich mir wenigstens etwas Arbeit mitnehmen?«

»Von mir aus. Bis jetzt sind Sie ja bloß ein Untersuchungshäftling.«

Alois Schön mochte es ebenso wenig wie Diana, angelogen zu werden. Schon an seinem Klingeln konnte man erkennen, dass er nicht zu Späßen aufgelegt war. »Frau Wächter, zeigen Sie mir bitte den Koffer, mit dem Sie nach Hamburg gereist sind.«

»Ich weiß zwar nicht, was das bringen soll, aber von mir aus. Kommen Sie mit, er steht im Keller.«

»Würden Sie ihn bitte aufmachen?«, verlangte der Leiter der Mordkommission, als sie vor dem Hartschalen-Trolley standen.

»Tun Sie sich keinen Zwang an, die Kombination ist 0000.« Alois Schön legte das Gepäckstück auf den Boden. In einer der Innentaschen fand er, wonach er suchte.

»Gekauft letzten Samstag bei Bree im Alsterhaus«, hielt er die Quittung in die Höhe. »Wollen Sie immer noch behaupten, Sie wären mit diesem Koffer bereits von München nach Hamburg geflogen?«

Fabienne Wächter schüttelte den Kopf. Der Aufforderung, die Kommissare zwecks erneuter Befragung ins Dezernat zu begleiten, folgte sie ohne Murren.

Auf der Fahrt in die Hansastraße erhielt Alois Schön die Nachricht von der Festnahme Peter Wächters. Er informierte die Ehefrau über die neue Situation und erklärte ihr abermals, dass sie nichts sagen müsse, was sie oder ihren Mann belastet.

»Hallo Julia, nu ned im Urlaub?« Martin war in der Kaufinger Straße unterwegs, als er seine Kollegin vor einem Schaufenster sah. Er hatte die Mittagspause genutzt, um neue Rollen für seine Inline-Skates zu erwerben.

Die junge Kommissarin antwortete nicht.

»Allmächd.« Der Franke sah sie an. »Wos isn mid dir los? Ko i dir helfn?«

Julia schüttelte den Kopf.

»Iich glaab scho.« Behutsam ergriff er sie an den Schultern.

»Ach Martin.«

»Wassd du woos? Mir zwaa setzn uns etzed in an Gafé und dann erzählsd mer, wos di so sehr bedrüggt.«

»Das bringt ja …«

»Kaa Widerred! Aner Kollechin, die flennd, muss gholfen wern.« Martin nahm Julia bei der Hand und führte sie zur Außenbestuhlung einer Gaststätte auf dem Marienplatz.

Sie war von der Tatkraft ihres Kollegen so angetan, dass sie nicht zu widersprechen wagte.

Nachdem sie bestellt hatten, erklärte Julia den Grund für ihre Traurigkeit: Vor einigen Wochen hätte sie einen Mann kennengelernt, der ihr den Hof gemacht und sie mit Komplimenten überhäuft habe. Man habe sich mehrmals getroffen, und mit der Zeit habe sie immer stärkere Sehnsucht nach ihm entwickelt.

»Dodervo hob iich nix gmergd«, gab Martin unumwunden zu.

Ein Einwand, der Julia einen Augenblick lang ein Lächeln auf ihr Gesicht zauberte. »Ich wollte diese Beziehung noch eine Weile geheim halten und nicht jedem Kollegen vor Glück um den Hals fallen, selbst wenn mir danach war«, entgegnete sie. Auf jeden Fall sei sie völlig aus dem Häuschen gewesen, als ihr neuer Freund vorschlug, sie auf eine Geschäftsreise nach Berlin mitzunehmen. Sofort habe sie bei Alois Schön Urlaub beantragt und sich wahnsinnig gefreut, als dieser genehmigt wurde.

Julia nahm ein Taschentuch und schnäuzte hinein. Gestern nach Dienstschluss habe sie den Kerl zufällig in der Stadt gesehen ... mit Frau und zwei kleinen Kindern.

Martin sah die Kollegin mitfühlend an. »Hod der Dübb gaan Ehering drong? Du häddsd doch zumindesd aan weißen Flegg am Ringfinger seng müssn!«

»Du hast schon recht, Martin, natürlich achte ich darauf. Aber der Hundling trug nur einen Siegelring!«

»Des nenn i Bech.« Weil Julia so betrübt schaute, entschloss sich der Franke, sie in den Arm zu nehmen.

Was ihr offenbar guttat. Sie verweilte dort enger und länger, als er gedacht hatte.

»Lass der von dem Debbn ned dein Urlaub versaue, Julia. Wenn du jemanden zum Foddgeh oder zum Schbodd machen braugsd, ruf mi o. Für wos hod mer denn Golleng.«

Julia nickte: »Danke, dass ist lieb von dir.«

Als Martin ins Büro zurückkehrte, fiel sein Blick auf den leeren Stuhl an Julias Schreibtisch. Vermutlich wäre es in ihrer Situation besser zu arbeiten, statt alleine zu Hause Trübsal zu blasen. Hier wäre sie wenigstens abgelenkt. Andererseits müsste sie dann jedem erklären, weshalb sie schon am ersten Tag aus dem Urlaub zurückkomme. Das wäre ihr bestimmt auch nicht recht.

VON FRAU ZU FRAU

»Sind Sie damit einverstanden, dass wir uns von Frau zu Frau unterhalten?« Natascha hatte Alois Schön vorgeschlagen, an seiner Stelle die Vernehmung zu führen.

»Gerne.« Fabienne Wächter nickte.

Was die Kollegin aus dem Schreibbüro sofort protokollierte. »Ich sage es Ihnen ganz offen. Ich bin mir sicher, dass die Spezialisten in Hamburg nachweisen können, dass der Koffer aus der Elbe Ihnen gehört.«

»Gut möglich.« Fabienne Wächter richtete ihren Blick starr auf den Vernehmungstisch.

»Dann sollten Sie Ihre Aussage von gestern noch einmal überdenken.« Natascha stellte ihren Kopf schräg, um die Zeugin direkt ansehen zu können: »Auch wenn Sie dazu nicht verpflichtet sind, Kooperationsbereitschaft rechnen wir immer positiv an. Egal, was passiert ist.«

Doch Fabienne Wächter schwieg.

»Sie sagten, Ihr Mann hätte gefordert, Fabienne solle auch ihm alle Wünsche erfüllen«, versuchte Natascha, die Zeugin zum Reden zu animieren, »hatte er seine Forderungen konkretisiert?«

Fabienne Wächter schüttelte den Kopf. »Das Einzige, was er diesbezüglich sagte, war, dass ich nur die Sachen mitnehmen solle, die ich bei meinem Aufenthalt mit Clemens dabei hatte.« Sie lächelte verschämt. »Dieser Gefallen brachte mich nicht um den Schlaf.« Sie griff zur Flasche mit Mineralwasser, die auf dem Vernehmungstisch stand, und schenkte sich ein. Nach drei kräftigen Schlucken fuhr sie fort: »Als ich Donnerstagnacht in Hamburg ankam, war ich ziemlich müde. Peter ließ mich daraufhin in Ruhe.« Unsicher sah sie die beiden Beamtinnen an. »Das war doch nett von ihm, oder?«

Als Natascha nicht antwortete, fuhr sie fort: »Er wollte bloß sehen, was ich alles eingepackt hatte. Ansonsten verlangte er lediglich, dass ich auf dem Sofa und nicht im Bett neben ihm schlafe.«

»Irgendwelche Bemerkungen oder Kommentare von ihm?«

»Nein.«

»Erst am Freitagmorgen nach dem Frühstück forderte mich Peter auf, die Reizwäsche, das St. Pauli-T-Shirt, den Minirock sowie die hochhackigen Pumps anzuziehen.« Fabienne Wächter rutschte mit ihrem Stuhl ein paar Zentimeter nach hinten. »Ich überlegte bereits, wie ich das T-Shirt am erotischsten wieder ausziehe, wartete auf sein Zeichen, mit dem Striptease zu beginnen.« Sie schluckte. »Aber ich kann doch nicht … Wir sind doch verheiratet!« Hilfe suchend sah sie Natascha an.

»Als Ehefrau können Sie die Aussage jederzeit verweigern.«

»Sie kriegen doch ein ganz falsches Bild von Peter. Normalerweise ist er nicht so!«

»Mir ist schon klar, dass es auch für Ihren Mann eine besondere Situation war«, beschwichtigte Natascha in sanftem Ton, um die Zeugin zum Reden zu bringen.

Dennoch dauerte es eine Weile, bis Fabienne Wächter erneut ihre Stimme erhob. »Peter sagte, ich dürfe mich nicht bewegen, schließlich wolle er mich nicht verletzen. Dann nahm er eine Schere und schnippelte mir die Kleider vom Leib, bis ich vollkommen nackt dastand.« Sie senkte ihre Lider. »Sobald ein Kleidungsstück auf dem Boden lag, streichelte er mich an der entsprechenden Stelle meines Körpers. Ganz zärtlich, so wie immer, ich schwör!« Fabienne Wächter leerte ihr Glas bis zur Hälfte. In hohem Sprechtempo, aber in eintönigem Tonfall fuhr sie fort: »Nachdem Peter die Riemchen meiner Schuhe zerschnitten und ihre Absätze abgebrochen hatte, fragte ich ihn, was er nun vorhabe. Daraufhin gingen wir ins Schlafzimmer, wo wir den Rest des Tages verbrachten.«

»Heißt das, Sie haben den ganzen Freitag lang das Bett nicht verlassen?«

Die Zeugin nickte. »Abgesehen von ein oder zwei Gängen zur Toilette beziehungsweise zur Minibar nicht.«

»Und Ihr Mann?«

Die Ehefrau schwieg.

Woraufhin Natascha sie mit ernster Miene ansah. »Frau Wächter? Haben Sie mich verstanden?«

Die Zeugin kämpfte erkennbar mit den Tränen.

»Sie helfen sich damit selbst am meisten.« Natascha saß ruhig da, bewegte nicht einmal ihre Augen.

»Aber ich kann Peter doch nicht belasten!«

»Müssen Sie auch nicht. Freilich können Sie ihm nur helfen, indem Sie reden.«

»Also gut.« Fabienne Wächter wischte sich eine Träne aus den Augenwinkeln und schnäuzte in ein Taschentuch. »Peter hatte irgendwoher Handschellen und Fußfesseln besorgt. Ich hatte schon damit gerechnet, dass er die Gelegenheit nutzt, um sich den ein oder anderen Männertraum zu erfüllen.« Sie lächelte verlegen. »Das ist doch nichts Ungewöhnliches, oder?« Unsicher sah sie die Kommissarin an. Als ob sie hoffte, nicht weiterreden zu müssen.

Die jedoch sagte kein Wort, saß ungerührt da.

Ein unerwiderter Blick zur Protokollführerin, ein hilfloser Seufzer. Dann fuhr Fabienne Wächter fort: »Gegen Abend wurde ich plötzlich müde. Ich weiß nicht, ob es am Wetter oder am Alkohol lag.«

Natascha überlegte, ob der Ehemann nachgeholfen hatte. Dies zu beweisen war jedoch ein Ding der Unmöglichkeit. Also hielt sie den Mund.

»Auf jeden Fall bat ich Peter um eine Pause«, sprach die Zeugin währenddessen in normaler Lautstärke weiter. »Und er hat sofort zugestimmt. Wie es sich für einen Gentleman gehört.«

Natascha hob die Augenbrauen. »Was genau hat er gesagt?« »Er antwortete, selbstverständlich könne ich eine Runde schlafen, wenn ich das wolle, er würde so lange fernsehen.«

»Was lief denn?«

Fabienne Wächter hielt einen Moment inne, dann

zuckte sie mit den Achseln. »Keine Ahnung, ich bin ziemlich schnell eingeschlafen.«

»Haben Sie ihn gefragt, was er mit Ihren Kleidern gemacht hat? Oder warum er sie zerschnitten hat?« Natascha war fest davon überzeugt, dass die Zeugin bisher nur die halbe Wahrheit erzählt hatte. Also lag es an ihr, den Rest zu erfahren.

»Natürlich nicht. Schließlich wollte ich Peter nicht reizen.« Verschämt starrte Fabienne Wächter zu Boden.

»Hatten Sie denn überhaupt noch was anzuziehen?«

»Außer dem Hotelbademantel nicht.«

»Nicht einmal ein zweiter Schlüpfer oder eine Bluse?«

Fabienne Wächter schüttelte den Kopf. »Als ich am Samstagmorgen aus der Dusche stieg, war alles weg. Samt Koffer.«

»Das heißt, Ihr Mann hatte Ihre Suite doch verlassen!« Fabienne Wächter antwortete nicht, saß wie gelähmt auf ihrem Stuhl. »Keine Ahnung, vielleicht hat er die Sachen auch dem Zimmerservice gegeben«, äußerte sie einen Gedanken, der ihre völlige Hilflosigkeit offenbarte.

»Wohl kaum«, entgegnete Natascha trocken. »Auch sonst würde ich an Ihrer Stelle Ihre Antworten noch einmal überdenken.« Stoisch sah sie die Zeugin an. »Wenn ich mich in Ihre Situation hineinversetze, irgendetwas passt da nicht!«

»Wieso? Glauben Sie etwa, ich lüge Sie an?«

Natascha ließ diese Frage unbeantwortet. Stattdessen gewährte sie Fabienne Wächter Zeit zum Nachdenken. Die jedoch blieb stumm.

»Dann spielen wir die Szene einfach noch mal durch«, erhob Natascha nach mehr als zwei Minuten der Stille ihre Stimme. »Sie steigen aus der Dusche, trocknen sich ab. Sie putzen sich die Zähne, schminken sich, was auch immer.« Ihre Worte klangen mit jedem Satz bedrohlicher. »Nun wollen Sie sich etwas anziehen. Ich unterstelle jetzt mal, dass Sie bei Ihrer Reise mit Clemens Christ mehr als einen Slip und das St.-Pauli-T-Shirt mitgenommen hatten.«

»Natürlich.«

»Sie fragen Ihren Mann, wo die Sachen sind«, fuhr Natascha fort. »Der antwortet ›weg‹ oder irgendetwas in der Richtung.« Mit zusammengekniffenen Augen und bohrendem Blick sah sie die Zeugin an. »Wollen Sie wirklich behaupten, Sie hätten nicht gefragt, was das soll? Oder hatten Sie vor, nackt zurück nach München zu fliegen?«

Es dauerte, bis Fabienne Wächter in der Lage war zu antworten: »Peter meinte, momentan bräuchte ich nichts zum Anziehen. Dabei winkte er mit den Handschellen.« Sie atmete schnell. »Ich kann meinen Mann doch nicht belasten!«, wisperte sie erneut.

Diesmal zuckte Natascha mit den Achseln.

»Peter bringt doch niemanden um!« Die Stimme der Ehefrau überschlug sich vor Aufregung. »Er war nur sauer … auf mich! … zu Recht … Aber das ist doch kein Verbrechen!« Darüber hinaus zitterte sie am ganzen Körper.

Was Natascha zu der Überlegung veranlasste, wie weit sie gehen konnte. Für ihre Ermittlungen und das Aufspüren der kleinen Sophia war es unerheblich, was im Schlafzimmer der Hotelsuite vonstattengegangen war. Selbst das Ausleben perverser Fantasien oder sadistischer Praktiken waren sowohl für den Mord als auch den Entführungsfall von untergeordneter Bedeutung, ließen sie doch höchstens Rückschlüsse auf den Charakter der Beteiligten zu. Hinderlich dagegen wäre es, wenn Fabienne Wächter einen Nervenzusammenbruch erleiden würde.

»Wie kam denn der Aufkleber des Hotels auf Ihren Koffer?«, stellte Natascha der Ehefrau deshalb bewusst eine eher belanglose Frage.

»Den habe ich am Samstagmorgen draufgeklebt.« In der Tat hellte sich deren Mimik ein wenig auf. »Ich fand ihn sehr hübsch, und nachdem es keinen Grund mehr gab, ihn zu verstecken …« Sie sah die Kommissarin an. »Außerdem verlieh er meinem Gepäck eine persönliche Note.«

»Wodurch Sie ihn außerdem am Gepäckband am Flughafen schneller erkennen«, ergänzte diese, bevor sie nach einer weiteren Pause erneut ihre Stimme erhob: »In Ordnung, Frau Wächter. Aber lassen Sie uns noch mal auf den Samstagmorgen zurückkommen.« Dabei beobachtete sie die Zeugin genau. »Ihr Mann hat Sie also nach dem Duschen erneut ans Bett gefesselt.« Bewusst führte sie ihren Gedanken nicht zu Ende. Schließlich wollte sie ihr keine Lösungsmöglichkeit anbieten.

Doch Fabienne Wächter blieb stumm.

»Und anschließend hatten Sie ein weiteres Mal Geschlechtsverkehr.« Natascha bemühte sich, diese Behauptung so neutral wie möglich zu formulieren.

Ohne Erfolg. Fabienne Wächter saß weiterhin regungslos da. Als sie erkannte, dass man von ihr eine Antwort erwartete, fügte sie schnell hinzu: »Nein, Peter legte mir die Handschellen an, gab mir einen zärtlichen Kuss auf den Mund und ging anschließend ins Bad.«

»Und dann?«

»Zog er sich an.« Kaum hatten ihre Worte ihren Mund verlassen, realisierte Fabienne Wächter, dass sie sich mit dieser Aussage keinen Gefallen getan hatte. Instinktiv hielt sie sich die Hand vor den Mund. Was ihre Lage jedoch nur verschlimmerte, wie sie Sekunden später selbst bemerkte.

Natascha konnte genau sehen, wie es hinter der Stirn der Ehefrau rumorte. Dennoch dauerte es noch eine Weile, bis diese zu einer Antwort fähig war. »Dann hörte ich, wie die Tür ins Schloss fiel«, flüsterte sie.

»Wie lange war er weg?«

Fabienne Wächter wandte ihren Kopf zur Seite. Es war ihr unmöglich, die Polizistinnen anzusehen. »Etwa zwei Stunden«, seufzte sie nach längerem Überlegen, »ich hörte die Turmuhr der Nienstedtener Kirche!«

»Ist die so laut? Das Hotel hat doch bestimmt Isolierverglasung.« Auch wenn Natascha der Zeugin diese Aussage glaubte – das Nachdenken, der Seufzer, in diesem Fall sprach alles dafür –, gehörte es zu ihren Aufgaben, deren Behauptungen auf ihren Wahrheitsgehalt zu überprüfen.

Fabienne Wächter lächelte kurz. »Wir hatten nach dem Frühstück die Fenster gekippt.«

»Verstehe«, erwiderte Natascha, »mit dieser Aussage haben Sie sich einen großen Gefallen getan.«

»Aber die Abwesenheit von Peter reicht doch nicht aus, um ein entführtes Kind zu versorgen!«, versuchte Fabienne Wächter, ihren Mann weiter zu entlasten. Offenbar hatte sie erkannt, dass sich die Aussage der Kommissarin nicht auf ihren Mann bezog.

»Aber um jemanden umzubringen.« Nataschas abgeklärter Blick, ihre trockene Intonation ließen ihre Provokation an Stärke gewinnen. »Ihr Mann hat Ihre Suite mindestens zweimal verlassen – um ihre Kleider zu verbrennen und später, um neue zu kaufen. Wenn nicht gar öfter. Sie sagten ja selbst, dass Sie erschöpft waren und einen tiefen Schlaf haben.«

Die Ehefrau japste nach Luft. »Peter ist kein Mörder!«, wiederholte sie mehrfach, bevor sie Natascha tränenüberströmt ansah. »Warum sollte er das tun?« Ihre Augen wurden immer größer. »Meinen Sie etwa, um mich zu rächen?«

»Er wäre nicht der Erste, der den Liebhaber seiner Frau umbringt. Darüber hinaus hatte er in der Pension genügend Zeit, sich alles haarklein zu überlegen und einen exakten Plan auszuhecken.« Natascha wartete bewusst einen Moment, ehe sie hinzufügte: »Wie in einem Drehbuch!«

Ihre Gelassenheit zeigte Wirkung. Fabienne Wächter schwitzte nicht nur auf der Stirn, sondern im ganzen Gesicht. Ihre Stimme schien zu versagen. Zu mehr als dem Schütteln ihres stark geröteten Kopfes und einem erneuten »Peter ist kein Mörder« war sie offensichtlich nicht imstande. Nach etlichen Wiederholungen dieser Abfolge fügte sie ein »das ergibt doch überhaupt keinen Sinn!« hinzu.

»Schauen wir, was die Kollegen in Hamburg herausfinden.« Natascha stand auf, um das Verhör zu beenden.

Doch Fabienne Wächter blieb – nach wie vor fassungslos – sitzen.

»Soll ich Ihnen ein Taxi rufen?«

»Ja bitte.«

Nur mit Mühe gelang es den beiden Beamtinnen, die Zeugin zum Verlassen des Vernehmungsraums zu bewegen. Die Kollegin am Empfang wurde gebeten, ein Auge auf sie zu werfen, bis man sie abholt.

Beim Lesen des Protokolls der Vernehmung geriet Alois Schön ins Grübeln. Wie hätte er in einer solchen Situation reagiert? Er ging zum Fenster, lief in seinem Büro hin und her. Es half alles nichts. Er musste seine Gedanken in geordnete Bahnen lenken. Strukturiert in der richtigen Reihenfolge.

Dass Peter Wächter wortlos das Zimmer verlassen hatte, klang plausibel. Ebenso, dass er ein paar Tage schmollte und eine Auszeit von seiner Ehe nahm. Aber seine Frau zum Lustobjekt degradieren? War das zielführend?

Er setzte sich wieder hin, schloss die Augen, lehnte den Kopf zurück und legte die Füße auf den Schreibtisch. Mit der Ehe der Wächters schien es nicht zum Besten zu stehen. Clemens Christ war in seinen Augen weder ein Schönling noch ein Gentleman. Gleichwohl hatten wenige Komplimente ausgereicht, dass Fabienne Wächter seinem spröden Charme erlag. Klar – Geschmäcker waren bekanntlich verschieden, und ebenso konnte nicht jeder in einer so glücklichen Beziehung leben wie er und seine Beate. Trotzdem war es ihm unmöglich nachzuvollziehen, wie Fabienne Wächter auf einen Typen wie Clemens Christ hereinfallen konnte. Normalerweise müsste doch eine so kluge Frau die Masche leicht durchschauen.

Mindestens genauso große Schwierigkeiten bereitete es ihm nachzuempfinden, wie Peter Wächter tickte. Was er sich bei seinen Forderungen gedacht hatte. Glaubte er wirklich, er könne seine Frau zurückgewinnen, indem er sie wie ein Strichmädchen behandelt? Alois Schön konnte sich dies beim besten Willen nicht vorstellen. Für ihn sah das Verhalten des Ehemanns nach einem perfiden Racheplan aus. Dennoch hatte sich Fabienne Wächter willig gezeigt und die Wünsche ihres Mannes erfüllt. Hoffte sie etwa, die Sache dadurch aus der Welt schaffen zu können? Wenn das so einfach wäre, bräuchte es keine Eheberatung und keine Paartherapien. Musste sie nicht viel mehr damit rechnen, dass ihr Ehemann Blut leckte und mit Verweis auf den Seitensprung immer perversere Dinge von ihr fordern würde? Wo sollte das enden? Abgesehen davon, dass Fabienne Wächter bestimmt keine Probleme hatte, einen neuen Partner zu finden. Warum also ließ sie sich das alles gefallen?

Oder hatte ihnen das Ehepaar einen Bären aufgebunden? Das Wochenende in Hamburg professionell inszeniert? Dann allerdings müsste Fabienne Wächter eine hervorragende Schauspielerin sein. Denn die Emotionen der Zeugin, die Sorge um ihren Ehemann schie-

nen echt. Nach Nataschas Eindrücken schien Fabienne
Wächter zu befürchten, dass ihr Mann in die Verbrechen
verstrickt sei. Alois Schön war gespannt, was Diana herausfinden würde.

VERGEBUNG

»Ich melde mich, wenn mich das Bedürfnis nach einem Anwalt überkommt«, antwortete Peter Wächter, als ihn Diana zu Beginn des Verhörs in Hamburg erneut über seine Rechte belehrte. Die Nachricht, dass die Kollegen in München zur selben Zeit seine Ehefrau vernähmen, schien ihn ebenfalls nicht zu beunruhigen. »Mein Gewissen ist rein.«

»Also gut, wie Sie meinen.«

Diana spürte, wie ihr Blutdruck anstieg. Wollte der Kerl sie und die ganze Justiz verscheißern? »Dann reden wir jetzt mal Klartext, sehr geehrter Herr Wächter.«

»Von mir aus.« Der Autor lächelte spöttisch.

»Das Verbrennen der Sachen Ihrer Frau erfüllt den Straftatbestand der Sachbeschädigung. Und je nachdem, was sie sonst noch berichtet, können sehr schnell sexuelle Nötigung und Freiheitsberaubung hinzukommen. Sobald Ihre Frau Anzeige gegen Sie erstattet …« Demonstrativ legte sie ihr Handy auf den Vernehmungstisch.

»Fabienne hat alles freiwillig gemacht.« Peter Wächter blieb nach wie vor ruhig.

»Für uns von der Mordkommission ist jedoch wesentlich wichtiger, dass Sie gelogen haben!«

»Wirklich?«

Irgendwie klang das zynisch. Obwohl sie es nicht wollte, weil sie es als höchst unprofessionell empfand, verwandelte sich Dianas Ärger allmählich in Zorn. Sie sprach mit jedem Satz lauter: »Sie haben das Hotel mehrmals verlassen und hatten demnach genügend Zeit, Clemens Christ umzubringen.« Eindringlich sah sie den Autor an. »Selbstverständlich haben Sie das Recht zu schweigen, aber an Ihrer Stelle würde ich mir das gut überlegen. Denn es dürfte Ihre Lage nicht verbessern, also reden Sie schon!«

Trotz dieser unmissverständlichen Aufforderung verharrte Peter Wächter mehr als eine Minute in seinen Gedanken. Dann setzte er sich nach vorne, legte die Unterarme auf den Vernehmungstisch und faltete die Hände ineinander. Bevor er anfing zu sprechen, räusperte er sich.

»Also gut«, begann er zögerlich. »Als Fabienne am Donnerstag im Louis C. Jacob eintraf, war sie ziemlich platt. Deshalb sagte ich zu ihr, sie möge sich erst einmal in Ruhe ausschlafen.

Am Freitagmorgen habe ich ihr die Ehebruchsklamotten vom Leib geschnippelt. Anschließend hatten wir Sex, ausgiebig, erquickend und in allen möglichen Variationen.« Peter Wächter sah Diana selbstbewusst an. »Ist es von Belang, dass dabei auch Handschellen zum Einsatz kamen, Frau Kommissarin?«

»Eigentlich nicht, es sei denn ...« Diana sprach den Satz bewusst nicht zu Ende.

»Keine Sorge, alles verlief absolut einvernehmlich, sozusagen in liebevoller Eintracht.«

Das werde ich beurteilen, wenn ich die Aussage der Ehefrau gelesen habe, erwiderte Diana in ihren Gedanken, behielt diese jedoch für sich. »Das freut mich, bitte fahren Sie fort«, forderte sie den Zeugen stattdessen auf.

»Am Freitagabend, Fabienne schlief bereits, habe ich ihre Kleider und alles, was an die Vögelei mit diesem Scheißanwalt erinnerte, verbrannt.« Provokativ lächelnd sah er Diana ins Gesicht: »Die ganze Aktion dauerte maximal 30 Minuten. Die Idee dazu war mir schon vorher gekommen, deswegen hatte ich das dafür notwendige Benzin in einer Colaflasche nahe dem Hotel platziert.«

In der Tat hatte er damit zwei wichtige Fragen bereits beantwortet. Deswegen erkundigte sich Diana bloß noch: »Wie war das?«

Für einen Moment war Peter Wächter irritiert. »Was meinen Sie?«

»Na Ihre Gefühle!«

»Wollen Sie wissen, ob mir dabei einer abgegangen ist?«

»Beispielsweise«, erwiderte die Oberkommissarin trocken. »Oder ob Sie womöglich bedauerten, wie viele Hundert Euro Sie gerade vernichten?« Im Grunde war es dem vernehmenden Beamten nicht erlaubt, dem Befragten die Rückäußerung vorzugeben. Aber in diesem Fall fand es Diana nicht so schlimm, irgendwie passte es.

»Interessante Frage«, entgegnete der Autor mit gedämpfter Stimme. Seine Augenbrauen zogen sich zusammen. Es schien, als ob er ernsthaft nach einer ehrlichen Antwort suchte. »Genugtuung? Ein bisschen. Ansonsten habe ich die Schönheit der Flammen bewundert – ich mag Feuer«, artikulierte er gedankenverloren seine Emotionen. Bis auf den abschließenden Satz, den er aus seinem Mund herauspeitschte, als ob er das Thema so schnell wie möglich beenden wollte. »Am Samstagmorgen habe ich dann für Fabienne neue Sachen gekauft.«

Was Diana allerdings nicht beeindruckte. »Wo war da Ihre Frau?«, erkundigte sie sich unaufgeregt.

»Im Hotel natürlich, wo sonst? Sie hatte doch nichts anzuziehen!«

Die Kommissarin sah dem Zeugen direkt ins Gesicht. »Hatten Sie sie ans Bett gefesselt?« Ihre Stimme klang bedrohlich.

»Was wäre wenn?« Peter Wächter zögerte kurz, bevor er selbstbewusst entgegenhielt: »Ich kann mich nur wiederholen, Fabienne hat alles freiwillig gemacht. Egal, was ich vorschlug, sie war mit allem einverstanden.«

Diana hob die Augenbrauen, zog ihre Oberlippen nach oben. Auch wenn sie die Aussagen dieses Mannes bezweifelte, als Kommissarin musste sie ihm glauben. »Wie lange waren Sie weg?«, bohrte sie deshalb weiter.

»Knapp zwei Stunden«, antwortete Peter Wächter wie aus der Pistole geschossen.

»Genügend Zeit, Clemens Christ umzubringen.«

»Das ist diskriminierend!«, schrie er auf.

»Wieso?« Die Kommissarin runzelte die Stirn. Sie hatte diverse Reaktionen auf ihre Provokation erwartet, aber nicht diese.

»Wollen Sie mir jetzt zur Last legen, dass ich ein Mann bin?« Peter Wächter grinste. »Also ich kenne keine Frau, die es schafft, Unterwäsche, Schuhe, ein Kleid, eine Hose und einen Blazer sowie einen Koffer innerhalb von zwei Stunden inklusive An- und Abfahrt zu kaufen.«

Gut gekontert, Respekt. Wenn die Figuren in seinen Geschichten ebenso schlagfertig waren wie ihr Erschaffer, mussten seine Storys sehr unterhaltsam sein. Doch trotz dieser Wertschätzung geriet Diana ins Grübeln. War ihm dieses Bonmot blitzartig eingefallen oder hatte er sich den Spruch schon länger überlegt? Auf jeden Fall wollte sie sich von der Redegewandtheit des Autors nicht unterkriegen lassen. »Wenn wir die Sachen nur abholen müssen, weil wir alles vorher bestellt haben, schaffen wir das locker«, entgegnete sie trocken. »Und mit Hilfe eines Komplizen ...«

Damit war die normale Rollenverteilung wieder hergestellt.

»Komplize wobei?«, erwiderte Peter Wächter unsicher.

Die Oberkommissarin zuckte mit den Achseln. Sie hoffte, dass sich der Autor die Frage selbst beantworten und dabei einen Fehler machen würde. Beispielsweise, indem er ein Detail verriete, von dem nur der Mörder etwas wissen konnte.

Doch Peter Wächter schwieg.

Nach einer Minute der Stille entschloss sich Diana, den Herrn trotz ihrer Ankündigung im Kapitänshaus zu verabschieden. Im Grunde hatte sie gegen ihn nichts in der Hand. Sie stand auf: »Lassen Sie bitte Ihr Handy an, damit wir Sie erreichen können.«

»Sie meinen, damit Sie mich besser überwachen können!« Peter Wächter zog die Stirn in Falten.

»Wenn es Ihnen lieber ist, behalten wir Sie bei uns, bis alle Spuren ausgewertet sind. Dann erhalten Sie zwar ein oder zwei Übernachtungen auf Staatskosten, aber es ist mir nicht möglich, Ihnen zu garantieren, dass Sie Ihren Termin morgen wahrnehmen können.«

»Mich mittels elektronischer Fußfesseln zu kontrollieren wäre vermutlich für uns beide die bessere Alternative.« Der Autor grinste.

»In diesen Genuss kommen Sie erst, wenn Sie Ihre Strafe schon abgesessen haben«, konterte die Kommissarin. »Wir haben Sie ja noch nicht einmal angeklagt!«

»Gut zu wissen, Frau Schubert. Ich hoffe, Sie haben nichts dagegen, wenn ich diese Erkenntnis mal in einem Krimi verwende.« Ein freundliches Winken, danach war Peter Wächter Richtung Aufzug verschwunden.

»Wahnsinn«, murmelte Diana kopfschüttelnd vor sich hin, nachdem sie die Tür zum Vernehmungsraum geschlossen hatte. »Im Grunde machen mir solche Vernehmungen sogar Spaß. Dennoch kann ich nicht ausschließen, dass ich gerade einen zweifachen Mörder hab laufen lassen.«

»Da kann ich Ihnen nur zustimmen«, antwortete die Protokollführerin, »der Mann ist ein Rätsel. Aber sehr unterhaltsam.«

Am nächsten Morgen wurde der Bericht der Hamburger Spurensicherung auf Dianas PC angezeigt. Während im Ferienhaus von Hans Hansen keinerlei Fingerabdrücke zugeordnet werden konnten, fanden die Spezialisten die von Fabienne Wächter nicht nur auf dem Beifahrersitz, sondern auch auf der Rückbank des Panameras. Ein Umstand, der ihre Glaubhaftigkeit in Zweifel zog. Denn die Experten hatten dort nur die von Katja Christ und ihrer Tochter erwartet.

Dagegen brachten Nataschas Ermittlungen keine Resultate, die das Ehepaar Wächter zusätzlich belasteten. Obwohl sie sogar die Verbindungen vom Flughafen Nürnberg nach Norddeutschland überprüfte.

»Sie koo aa midm Auto gfoarn sei«, merkte Martin trocken an, »oder mid em Miedwoong. Sofern des Waggerla iieberhabbd in Hamburg is.«

»Wo denn sonst?« Natascha zog die Stirn in Falten.

»Womögli is die Glaa…«

»Halt sofort die Klappe!« Nataschas Blick und ihre zum Schlag ausholende Hand deuteten unmissverständlich an, dass sie den Kollegen ohne Scheu körperlich züchtigen würde, sobald dieser seine Befürchtungen aussprüche.

»Ohne Gombliezn gonn Kanner das Madla endführd hom, es sei denn …«

»Martin!«, fiel ihm die Kollegin erneut ins Wort.

»Für den Mord an seim Vadder hom dagegn alle drei ka gscheids Alibi, weder die Wächders noch seie Alde.«

Natascha nickte. »Ich knöpf mir die Wächter noch mal vor. Ich werde ihr klipp und klar erklären, dass wir sie weiterhin verdächtigen und deshalb mittels Handyortung überprüfen, wo sie und ihr Mann sich aufhalten.«

Zwei Minuten später hörte Martin sie sagen: »Selbst wenn Sie ungestört sein wollen oder Angst vor nächtlichem Elektrosmog haben, schalten Sie bitte Ihre Handys nicht aus, sondern stellen Sie sie auf lautlos oder legen Sie sie ins Nebenzimmer. Ansonsten kann es passieren, dass auf einmal das SEK vor Ihrem Bett steht!« Als sie den Hörer aufgelegt hatte, verkündete die Kommissarin in selbstbewusstem Ton: »So, Fabienne Wächter weiß jetzt Bescheid.«

»Du maansd, sie frissd de ezed aus der Händ.«

»Kann schon sein.« Natascha grinste. »Am Ende unseres Gespräches wollte sie mir sogar eine Ansichtskarte schicken.« Dann wurde sie wieder ernst. »Wenn es hilft, dass wir Sophia lebend finden, habe ich alles richtig gemacht.«

»Sofern dir der Schdaadsanwald die Erlaubnis zur Ordung der Handys erdeild.« Der Franke grinste. »Zur Nod lässd halt ämol dein Charme schbiln«, riet er der Kollegin. Denn am Ergebnis war er genauso interessiert wie sie.

Die Diskussion mit dem Franken hatte Natascha gleichfalls gezeigt, dass sie in einer anderen Sache Klartext reden musste. Obwohl es sich für sie wie der Gang nach Canossa anfühlte, konnte es so nicht weitergehen.

Als sie nach dem Abendessen auf dem Sofa saßen, nahm sie ihren Phil bei der Hand: »Du Hase, ich muss dir was sagen.«

»Ja, was denn, Schneckerl? Hast du ›ne Beule in unser Auto gefahren oder warum guckst du so traurig?«

Natascha schüttelte den Kopf. Schluckte zwei Mal. »Ich nehm' wieder die Pille.« Jetzt war es raus.

Phil zog ruckartig seine Hand zurück und sprang auf. Sein Mund stand offen. Offensichtlich rang er um Worte. »Aber ...«

Seine Frau lächelte verlegen. »Ich weiß.«

»Ich dachte, wir waren uns einig, dass wir bald Kinder wollen!« So laut geschrien hatte Phil schon lange nicht mehr. »Sind wir auch, aber bei dem aktuellen Fall ist das keine gute Idee.« Es kostete Natascha Überwindung, ihren Mann anzusehen. »Versteh' doch«, flehte sie, »wenn Kinder die Opfer sind, zerrt das immer an den Nerven ... da kannst du jeden fragen! ... Du hast nun mal eine Polizistin geheiratet.«

Diese Bemerkung brachte Phil vollends in Rage. »Trotzdem hättest du das mit mir besprechen müssen!« Er stand auf, um aus dem Zimmer zu gehen. »Es sei denn, du unterstellst mir, ich hätte kein Verständnis für diese Situation und deinen Job.« Er hatte die Klinke der Wohnzimmertür bereits in der Hand, als Natascha hinzufügte: »Du weißt ja gar nicht, wie froh ich bin, dass ich den Kraillinger Fall nicht hautnah mitbekommen habe!« Sie war kurz davor loszuheulen. »Und in der Haut der Frankfurter Kollegen, die die Entführung des Bankierssohns bearbeiten mussten, möchte ich ebenfalls nicht stecken.«

Phil drehte sich um. Sein Kopf war gerötet, seine Nasenflügel standen weit auseinander. »Das rechtfertigt dennoch nicht, dass du mich hintergehst und belügst!«

»Ich habe dich nicht belogen!« Natascha sprang auf. Sollte sie auf ihren wütenden Mann zugehen, ihn womöglich sogar umarmen? Oder würde sie alles damit nur noch schlimmer machen?

»Wie nennst du es dann, wenn du beim Gespräch über Enkel und Kindererziehung kalt lächelnd dasitzt und schweigst?« Ohne ein weiteres Wort verließ Phil das Wohnzimmer, schnappte sich in der Garderobe seine Jacke und knallte die Haustür ins Schloss.

Nachdem Natascha seinen letzten Satz verinnerlicht hatte, ließ sie ihren Tränen freien Lauf. Anschließend versuchte sie, ihren Kummer im Rotwein zu ertränken.

Nach drei Gläsern schleppte sie sich ins Bett. Trotzdem war an Schlaf nicht zu denken. Doch als sie den Schlüssel im Haustürschloss hörte und Geräusche im Bad vernahm, zog sie es vor, so zu tun, als ob. Wenn Phil das Bedürfnis hätte, sich zu artikulieren, würde er bestimmt die Initiative ergreifen.

Viel zu früh klingelte ihr Wecker. Phil lag regungslos neben ihr. Sollte sie ihn wecken, sich nach dem Frühstück zärtlich von ihm verabschieden? Lieber nicht. Vermutlich würde sie ihn nur weiter verärgern.

CRISIS, WHAT CRISIS?

Da lag sie nun und sah ganz friedlich aus. Als ob sie keiner Fliege etwas zuleide tun könne. Doch heute hatte Hannah ihr so richtig wehgetan. Zum ersten Mal in ihrem kurzen Leben. Ein infernalischer Stich mitten ins Herz. Absolut grauenhaft! Genau genommen waren es zwei. Wobei der letztere ihr Herz komplett zerrissen hatte. So etwas durfte nie wieder vorkommen.

Sie ging ins Schlafzimmer und drückte ihre Handballen gegen die Kante der Fensterbank. Ihre Augen verengten sich zu winzigen Schlitzen, Falten bildeten sich auf Stirn und Schläfe. Ihr Blick richtete sich in die Ferne, dorthin, wo sich die Gischt des Meeres mit den Wolken am Himmel vermischte. Es war heute windiger als die Tage zuvor und die Kronen der Wellen deshalb mächtiger und schaumiger.

Sie warf sich aufs Bett und streckte alle viere von sich. Dieses mannstolle Luder! Ihre Hände ballten sich zu einer Faust, sie versuchte, sich nicht zu erinnern. Doch die Bilder dessen, was geschehen war, erschienen vor ihrem geistigen Auge. Als ob irgendeine höhere Macht sie bestrafen wollte, musste sie diese ungeheuerlichen Ereignisse erneut durchleben.

Reichte es nicht, dass diese Typen von heute an auf dem Nachbargrundstück hausten? Ihre Urlaubsidylle, die Zweisamkeit mit Hannah störten? Mussten die Kerle jetzt auch noch in ihrem Kopf herumschwirren?

Es war der reinste Horror: Kaum waren sie angekommen, saßen die jungen Burschen auf der Terrasse, tranken Bier aus der Flasche und sangen Rocksongs. Einer von ihnen spielte Gitarre. Sein Kumpel hatte eine Art Tamburin mit Schellen dabei und der dritte hämmerte mit einem Schlagstock auf Tisch und Bierflasche ein.

Hannah war sofort losgekrabbelt.

»Komm zurück, mein Schatz«, hatte sie ihr hinterhergerufen. Aber ihr Liebling hatte nicht auf sie gehört. Auch nicht, als sie erwähnte, dass Mama ein leckeres Breichen für sie habe. Im Gegenteil. Sie hatte sich am Maschendrahtzaun hochgezogen und mit ihrem Windelpopo gewippt. Somit war ihr nichts anderes übrig geblieben, als aufzustehen und ihr Mädchen zurückzuholen.

Doch Hannah hatte sich gewehrt. Sie hatte geweint, sich mit aller Kraft, die sie besaß, am Zaun festgehalten und noch auf ihrem Arm den Kerlen hinterhergeschaut.

»Was willst du mit diesen saufenden, erfolglosen Musikern?«, hatte sie sie gefragt, »die sind doch gar nicht unser Niveau!« Doch das Quengeln ging weiter. Demzufolge musste sie Hannah ins Haus tragen und die Fenster schließen, damit die Klänge der Nachbarn nicht an ihr zartes Ohr drangen.

»Die essen bestimmt nur Westerntopf aus der Dose, vermutlich sogar kalt, und rauchen und kiffen den ganzen Tag.«

Während sich Hannah im Laufstall mit ihren Bauklötzen beschäftigte, stand sie an der Balkontür: »Siehst du, er raucht.« War das der Gitarrist? Im Grunde sah er gar nicht so übel aus.

Ihr Kopfkissen fühlte sich angenehm weich an. Früher hatte sie Typen wie diese angehimmelt. Damals, als sie lange Haare und eine unrasierte Wange für den ultimativen Ausdruck von Unabhängigkeit und Freiheit hielt. Als sie jeden Macker, der mehr als drei Riffs auf der Gitarre spielen konnte oder etwas Taktgefühl und Stimme besaß, als den neuen Mick Jagger oder Keith Richard betrachtete. Doch das Einzige, bei dem solche Kerle mit den Stones mithalten konnten, war beim Konsum von Alkohol und Drogen gewesen. Was dann jedes Mal zu einer Enttäuschung führte. Im Bett und auch sonst.

Bis sie den Spieß umdrehte. Weil sie erkannt hatte, dass sie viel zu lange auf Verlierer gehört hatte. Und dass die Erfolgreichen im Grunde auch nur Loser und arme Würstchen waren. Männer eben. Von diesem Tag an war sie es, die den Ton angab. Es hatte sich bewährt, dass sie ihre Lover nach Lust und Laune auswählte. Mal erhielt der eine, mal der andere die Gelegenheit, ihr Spaß zu bereiten, sie zu befriedigen und ihren Hormonhaushalt ins Gleichgewicht zu bringen. Zu mehr als Sex waren Männer sowieso nicht zu gebrauchen. Wenn überhaupt!

Und deshalb bekamen diese Flitzpiepen auch keine Chance eines zweiten Dates. Wenn sie ebenfalls auf ihre Kosten gekommen waren – schön für sie. Ansonsten – Pech gehabt.

Mehr als einmal hatte sie einem Kerl, der sie hinterher nach ihrer Telefonnummer gefragt hatte, geantwortet: »Sag mal, hältst du mich für so bescheuert, dass ich mir das mit dir noch mal antue?«

Wie sollte sie mit diesen Dumpfbacken eine Beziehung auf Augenhöhe führen? Manche besaßen nicht einmal ein gescheites Buch. Unmöglich, diese Kretins, die hatten doch Angst vor einer erfolgreichen Frau! Würden vermutlich Erektionsprobleme bekommen, wenn sie erführen, wie viel sie verdiente. Im Grunde tat sie den Burschen einen Gefallen, selbst wenn der ein oder andere Typ um ein weiteres Treffen gewinselt hatte. Abgesehen davon, dass sie dasselbe tat wie die Herren der Schöpfung: flirten, oberflächlich quatschen, in die Kiste hüpfen und tschüss!

Nur bei Clemens Christ hatte es nicht funktioniert. Bis heute wusste sie nicht, wie er ihre sonst so zuverlässige Abwehr gegen die Männerwelt so mir nichts, dir nichts durchbrechen konnte. Hatte es an seinem wunderschönen, fast sinnlichen Dialekt gelegen? An seiner Eloquenz, seiner geschliffenen Rhetorik oder einfach nur an seinen Geschichten, die er zum Besten gab?

Obwohl … das waren nur Resultate und Symptome … oder doch die Ursache? Egal, diese Diskussion, ob Ei oder Henne – der Mann war der geborene Storyteller. Dazu dieses unerschütterliche Selbstbewusstsein, dieses Gebaren, das, hart an der Grenze zur Arroganz, auch ohne Worte klarmachte, wer das Sagen hatte. Dieses Auftreten hatte ihr mächtig imponiert, sie regelrecht in seinen Bann gezogen. Wobei die Mischung aus wohltuenden Komplimenten und lüsternen Blicken, von denen er innerhalb von Sekunden bei Bedarf zu Ignoranz und Verachtung wechselte, ihre Begierde noch exponentiell verstärkt hatte.

War sie ihm schon erlegen, als er ihr empfahl, einen Pferdeschwanz zu tragen, weil sie damit jünger aussähe? Oder erst, als er angedeutet hatte, dass er ihr eventuell den Gefallen tun würde, den Abend auf ihrem Zimmer ausklingen zu lassen? Was hatte sie an ihm so fasziniert? Dass er mit ihr genau das tat, was sie für gewöhnlich mit den Männern machte?

›Dann zeig mal, was du hast!‹, hatte er ihr geradezu befohlen, nachdem sie die Zimmertür geschlossen hatte.

Eiligst hatte sie daraufhin Bluse und BH ausgezogen. Doch anstatt sie zu streicheln oder zu küssen, hatte er sie in einem Ton, der die von ihr erwartete Antwort bereits implizierte, gefragt: »Lust auf 'nen Blowjob?« Keine netten Worte, nicht einmal dirty talk. Dennoch – oder womöglich gerade deswegen? – hatte sie pariert. Sich sogar richtig angestrengt. Bis er nach kurzer Zeit verlangt hatte, sie solle sofort aufstehen. Dabei war sie noch gar nicht fertig gewesen! Kein Wunder, dass sie irritiert und verunsichert gewesen war. »Gefällt's dir nicht?«, war das Einzige, was ihr damals über die Lippen gekommen war.

»Dreh dich um und stütz dich am Stuhl ab!«

Lustvoll hatte sie ihm ihren Po entgegengestreckt. »Gut so?«

Wortlos hatte er ihren Slip nach unten gezogen und war in sie eingedrungen. Als ob er ihre Frage gar nicht gehört hätte. Tief und fest. Seine Finger hatten sich in ihrem

Busen festgekrallt. Zärtlich war etwas anderes, gleichwohl hatte sie es genossen. Jede Sekunde, jeden Stoß. Bis heute hatte sie keine Ahnung, warum, aber sie wusste, dass es so war. In dieser Nacht hätte sie alles getan, damit Clemens nicht ging. Dennoch war er zwei Minuten später verschwunden. Er hatte ihr nicht einmal die Chance gelassen, um seine Zuneigung zu betteln, ihn erneut zu verführen. Trotzdem hatte das Unglück seinen Lauf genommen.

Eine Katastrophe, an die sie Hannah heute erinnert hatte. Nach einer guten halben Stunde hatte sie sie aus ihrem Laufstall gehoben, um mit ihr zu spielen. Ihr Liebling war sofort zur Balkontür gekrabbelt und hatte sich an dieser hochgezogen. Sie hatte ihr Köpfchen gedreht und sie fragend angelächelt. Ein Bild für die Götter. Bis ihr das Wort entwich, das sie niemals mehr hören wollte: »Papa?«

Abermals zog sich ihr Herz zusammen. Sie konnte so unmöglich liegen bleiben, musste diese Gedanken aus ihrem Kopf vertreiben. Koste es, was es wolle.

Zur selben Zeit saß Natascha an ihrem Schreibtisch und kritzelte gähnend sinnlose Hieroglyphen auf ihren Notizblock. So sehr sie sich auch anstrengte, sie konnte sich beim besten Willen nicht konzentrieren. Die letzten Tage hatten ihr arg zugesetzt. »Bin mit Kumpels unterwegs. Warte nicht auf mich, es wird spät werden«, hatte ihr Phil gestern eine Nachricht auf dem Küchentisch hinterlassen. Ohne Unterschrift, geschweige denn »mit lieben Grüßen« oder »HDL«.

Irgendwann am frühen Morgen war er nach Hause gekommen. Polternd und mit einer Fahne aus Alkohol und Knoblauch, die ihre Überlegung, ihn zu begrüßen, von vornherein boykottierte. Auch auf eine Beschwerde, dass er sie geweckt habe, hatte sie verzichtet. Es hätte eh keinen Sinn gehabt und im ungünstigen Fall sogar zu Streit geführt.

Abgesehen davon, dass Phil bereits mit dem Berühren der Matratze eingeschlafen war und schnarchte, als müsse er einen ganzen Wald zersägen. Also hatte sie sich in aller Herrgottsfrüh ins Büro geschleppt. Schlafmangel, Samstagsdienst und Ehekrise. Ein gelungenes Wochenende sah anders aus.

Umso größer war ihre Überraschung, als Phil spätmittags anrief. Seine Stimme klang freundlich, offenbar war er wieder voll fit und nüchtern. Er fände es zwar nach wie vor traurig, dass sie ihn nicht ins Vertrauen gezogen habe …

»Tut mir leid, es wird nicht wieder vorkommen. Im Nachhinein kann ich mich dafür nur entschuldigen.« Natascha hatte die Zeit, die Phil zum Luftholen benötigte, genutzt, sprach jedoch ausgesprochen leise.

»Du weißt, dass du mich sehr verletzt hast.«

»Ja, … weiß ich«, antwortete Natascha zögerlich. Sie überlegte, ob sie die Worte, die ihr gerade in den Kopf geschossen waren, aussprechen sollte. Aber was hatte sie schon zu verlieren? Abgesehen davon könnte Phil auf denselben Gedanken kommen: »Höchstwahrscheinlich genauso wie du mich an Silvester in Kitzbühel.«

Für einen Moment war es am anderen Ende der Leitung still. »Stimmt … ein guter Vergleich.« Phils Stimme wurde mit einem Mal lauter. »Allerdings …«

In Nataschas Augen dauerte die nun folgende Pause viel zu lange.

»Eigentlich …«, begann Phil von Neuem und wesentlich sanfter. Seinen ursprünglichen Gedanken schien er verworfen zu haben, »… rufe ich dich an, um dir zu sagen, dass ich für deine Entscheidung Verständnis habe. Obwohl ich das Drumherum immer noch zum Kotzen finde!«

»Du hast recht, das war dumm von mir.« Wobei sich Natascha über das nun Gesagte ungemein freute.

»Mein Sohn und ich haben ja auch nichts davon, wenn die Mutter meines ungeborenen Kindes nervlich auf dem Zahnfleisch geht.«

»Seit deinem Anruf geht es mir schon bedeutend besser.« Natascha strahlte, soweit es ihre Müdigkeit zuließ, hätte ihren Phil am liebsten umarmt.

Er staunte nicht schlecht, als sie ihm zu Hause fünf langstielige Rosen überreichte. »Als Zeichen, wie sehr ich dich liebe!« Sie gab ihrem Mann einen Kuss auf den Mund. »Aber damit du nicht glaubst, ich habe sie nur für mich gekauft, habe ich noch mehr besorgt.« Natascha holte eine Flasche Champagner aus ihrer Einkaufstasche. »Der muss allerdings erst ins Gefrierfach!« Lächelte. »Und um uns die Zeit zu vertreiben, bis dieser erlesene Tropfen die richtige Trinktemperatur erreicht hat, habe ich das hier mitgebracht.« Sie stellte eine Packung Badesalz für Liebesbäder, Duftkerzen sowie Massageöl auf den Wohnzimmertisch. »Natürlich nur, wenn du willst.« Ihr Blick fiel auf die Rosen. »Wenn dir die Blumen überhaupt nicht gefallen, kannst du ihre Blüten auch gerne auf dem Rand unserer Badewanne verstreuen.«

»Stell sie lieber in die Vase, da haben wir mehr von«, erwiderte Phil, »ich lass schon mal das Wasser ein.«

Am Nachmittag rief Julia bei Martin an. Sie sei zwar nicht in Stimmung, um Party zu machen, würde aber gerne mit ihm ins Kino gehen. Sich einen lustigen Film anzuschauen, wäre allemal besser, als trübsinnig zu Hause zu sitzen.

»Do hosd du rechd.«

»Treffen wir uns um 19.30 Uhr am Mathäser? Der Film beginnt um acht. Das heißt, du kannst hinterher noch ausgehen, wenn du willst.«

Doch Martin zog es vor, nach der Vorstellung mit Julia einen Cocktail zu trinken. »Vor Middernachd ist da eh ned viel los«, beruhigte er seine Begleiterin, als diese betonte, er müsse wegen ihr nicht auf seinen Spaß verzichten. Und wie es sich für einen Gentleman gehört, brachte er Julia zum Taxistand.

»Danke für den netten Abend«, umarmte sie ihn freundschaftlich, »wir sollten das unbedingt wiederholen.«

»Ruf einfach o.« Hilfsbereit öffnete er ihr die Autotür. Winkte ihr zu, als sie den Kopf drehte, um ihm aus dem fahrenden Wagen anzulächeln. Lange sah er dem Fahrzeug hinterher.

Gut gelaunt machte er sich auf den Weg zur Disco. Er grüßte den Türsteher, bezahlte den Eintritt und unterhielt sich mit verschiedenen Bekannten.

»Schau mal, Martin, die Kleine da hinten schaut ständig zu uns rüber. Ich habe den Eindruck, die steht auf dich!«

»Go scho sei.« Martin ließ seinen Blick durch das Lokal schweifen. Dann war er sich sicher. Diese Party musste heute ohne ihn stattfinden. Es konnte nicht mehr besser werden, die schönsten Stunden des Abends hatte er bereits hinter sich.

»Und jetzt?« Alois Schön sah Natascha fragend an. Die hatte ihm gerade mitgeteilt, dass Fabienne und Peter Wächter das Wochenende tatsächlich gemeinsam verbracht hatten. Die Kollegen hatten ihre Handys mehrfach und zu unterschiedlichen Tages- und Nachtzeiten geortet und immer am gleichen Hotspot lokalisiert. Dieser befand sich nahe dem Hotel, dass das Ehepaar als Unterkunft genannt hatte. Einmal waren sogar örtliche Polizisten vorbeigefahren, um sich zu erkundigen, ob die Gäste mit einem Kleinkind unterwegs seien. Worauf die freundliche Dame an der Rezeption geantwortet hatte, Familie Wächter sei ohne Kind angereist.

»Hol Martin her«, bat Alois Schön seine Stellvertreterin. Der Franke studierte seit einer Woche die Akten, die sie aus der Kanzlei Christ mitgenommen hatten.

»Die Hälfde hob i durch«, erklärte er, bevor er entschuldigend hinzufügte: »Des Jurisdedeutsch is ned einfach zum Lesn.«

Natascha grinste. Mehrmals hatte sie in den letzten Tagen beim Vorbeilaufen an seiner Tür beobachtet, wie Martin träumend aus dem Fenster sah.

»Natascha wird dir helfen!«, bestimmte Alois Schön kurzerhand.

»Es muss eine dritte Person geben«, war sich die Kommissarin sicher, »eine weitere Geliebte, ein Gspusi für Geschäftsreisen oder Ähnliches.«

»Die find mer scho, des is nur ne Frage der Zeid.« Trotz der Tatsache, dass seine aktuelle Aufgabe eher stupide war, war Martin bestens gelaunt.

»Dann ran an die Arbeit, ihr beiden. Es ist ja nicht das erste Mal, dass wir die Nadel im Heuhaufen suchen. Treffen wir uns in der Mittagspause in der Kantine, ich spendiere euch Eis und Cappuccino zum Nachtisch.«

»Immer gern«, bedankte sich der Franke, während Natascha anmerkte: »Wir werden pünktlich da sein!«

Alois Schön griff derweil zum Hörer und rief in der Kanzlei von Clemens Christ an. Er benötige ein Verzeichnis aller Gerichtstermine, die dieser in den letzten zwei Jahren wahrgenommen habe, sowie eine Auflistung sämtlicher Reisen und Fortbildungen im selben Zeitraum. Selbstredend mit den Adressen der Hotels und den Kontaktdaten der jeweiligen Ansprechpartner.

»Von mir aus gerne«, zeigte sich die Sekretärin am Telefon sehr kooperativ, »ich will ja auch wissen, wer den Chef und seine Tochter …«

Alois Schön konnte erahnen, was in der Dame vorging. Vermutlich war sie errötet und hielt sich die Finger vor den Mund. »Wir gehen davon aus, dass Sophia Christ noch lebt«, erwiderte er deswegen in ruhigem Ton, »aber umso mehr sollten wir uns beeilen.«

»Natürlich, selbstverständlich. Dennoch brauche ich für Ihr Anliegen die Genehmigung meines Chefs. Einen Moment bitte, ich stelle Sie durch.«

Der Cousin von Katja Christ zeigte sich nicht so hilfsbereit wie seine Mitarbeiterin. Doch der dezente Hinweis, dass er sich durch mangelnde Kooperation selbst in Verdacht bringe und dies konsequenterweise weitere, umfangreiche Ermittlungen in seiner Kanzlei notwendig mache, stimmten ihn um.

SCHMETTERLINGE

Was für ein grausiger Tag. Seit dem frühen Morgen hatte es geblitzt und gedonnert, hatte der Sturm seine Wassermassen gegen die Fenster gepeitscht. Inzwischen hatte sich das Gewitter in Regen verwandelt.

Sicher, die Natur brauchte die Nässe und die Bauern freuten sich genauso über sie. Doch ihr ging es schlecht, ihr Bauch schmerzte. Am Essen konnte es nicht liegen, im Kühlschrank lag nur Feinkost und frische Bioware. Abgesehen davon hatte sie heute keinen Hunger gehabt und so gut wie gar nichts zu sich genommen.

Handelte es sich um eine Spätfolge des Eingriffs, den die Ärzte an ihr vorgenommen hatten? Wohl kaum. Schließlich lag diese Lappalie schon Monate zurück. Bestimmt alles psychisch, wilderte ein neuer Gedanke durch ihren Kopf. Einen Moment lang musste sie über sich selber grinsen. Nur ein, zwei Sekunden – dann verzog es ihr die Mundwinkel, ihr Gesicht versteinerte sich. Das klang ja fast so schlimm wie das Gesülze der Therapeutin! Eine Frau, die gemeint hatte, ihr Tipps geben zu müssen, obwohl sie ihr vom IQ her bei Weitem nicht das Wasser reichen konnte. Und erst ihr Softie-Getue. Zum Totlachen! Sie selbst wusste immer noch am besten, was ihr guttat. Deshalb hatte sie die Therapiegruppe nach der ersten Sitzung wieder verlassen.

Sie kannte doch die Ursache für das Malheur, das ihr unterlaufen war. Hatte sich – selbstkritisch, wie sie war – sogar eingestanden, dass sie eine gehörige Portion Mitschuld an der Situation trug. Auch wenn es ihr schwergefallen war, hatte sie eingesehen, dass ihre Intelligenz sie in diesen Tagen im Stich gelassen hatte. Es war doch völlig normal, dass ein frischgebackener Vater an seiner kleinen Tochter hängt! Unabhängig davon, ob die Mutter geisteskrank, ein Hausdrachen, ein Ekelpaket oder alles in einem ist. Das hatte sie nicht berücksichtigt, als sie Clemens die Ultraschallfotos zeigte und ihm vorschlug, er möge sich endlich von seiner bescheuerten Frau trennen. Folglich musste sie sich seine barsche Reaktion selbst ankreiden.

Sie solle es wegmachen lassen, hatte er erwidert, und da der Sex während einer Schulung erfolgt sei, könne sie als Seminarleiterin die Kosten einer Abtreibung bestimmt als Betriebsausgaben absetzen.

Was nicht mehr notwendig wurde. Vermutlich die Folge, dass sie nach diesem Ratschlag vom Barhocker geplumpst war. Aber die Tatsache, dass er ihr sogleich zur Hilfe geeilt war und sich am gleichen Abend sowie einige Tage später ein weiteres Mal telefonisch nach ihrem Wohlergehen erkundigt hatte, hatten ihr gezeigt, dass zwischen ihnen mehr war. Auch über ihre guten Wünsche zum Vatertag hatte er sich außerordentlich gefreut.

Und deshalb hatte sie ihm eine zweite Chance gegeben, mit ihr und Hannah ein neues, viel besseres, Leben zu beginnen. Wobei der Umstand, dass sie die Kleine schon im dritten Anlauf in ihre Obhut nehmen konnte, die Richtigkeit ihrer Entscheidung belegte, selbst wenn sich die Situation inzwischen geändert hatte. Damals war das Schicksal derselben Meinung gewesen wie sie, daran bestanden keine Zweifel.

Am Dienstag erhielt die Mordkommission eine Liste mit sämtlichen dienstlichen Aktivitäten der letzten zwei Jahre von Clemens Christ. Alois Schön diktierte einen Rundbrief an die genannten Gerichte mit der Bitte um Hinweise auf Vorkommnisse, die über die übliche Tätigkeit eines Anwalts hinausgingen. Natürlich wurde jedem Informanten äußerste Diskretion zugesichert. Ebenso bat er die Gerichtspräsidenten, sein Schreiben allen Angestellten, also auch Hausmeistern, Reinigungskräften oder Kantinenmitarbeitern zugänglich zu machen. Am besten solle jeder persönlich bestätigen, dass er den Brief aus München erhalten und gelesen habe.

»Was können wir sonst noch tun, Kollegen?«, erkundigte er sich bei seinen Mitarbeitern.

»Die erfolgreigsde Bardnervermiddlung is immer nu de Arbeidsbladz.«

»Glaubst du, unser Herr Anwalt hatte eine Affäre mit einer seiner Mitarbeiterinnen?«

»Mer go nie wissn.«

»Eine Beziehung mit einer Untergebenen? Ne, Martin, so blöd war der nicht. Das bringt nur Ärger und ist viel zu gefährlich.«

»In der Kanzlei gibt es niemanden, der plötzlich gekündigt hat«, meldete sich Alois Schön zu Wort. »Danach habe ich bereits gefragt.«

»Was ist mit den Urlaubsplänen? Gibt es da Überschneidungen?«

»Nix Verdächdiges. Clemens Ghrisd is nur selde weggfoahrn, nur bei der Geburd seiner Dochder woarer drei Doch dehaam.«

»Eine Idee hätte ich noch«, blickte Natascha selbstbewusst in die Runde. »Unser Anwalt war in den letzten Jahren mehrmals auf Seminar, manchmal sogar eine ganze Woche. Genügend Zeit, um sich jemanden aufzureißen und später zu enttäuschen.«

»Willst du jetzt jede Kongress- und Seminarteilnehmerin anschreiben und fragen, ob sie eine Affäre mit ihm hatte?«

»Fällt dir was Besseres ein, Alois?« Mit fester Miene sah die Kommissarin ihren Chef an. »Selbstverständlich wird nicht jede Frau sofort zugeben, dass sie ein Techtelmechtel mit dem Herrn hatte. Aber zu sagen, man habe eine andere mit ihm gesehen, dürfte nicht so schwerfallen. Und wer sich nicht meldet, macht sich ebenfalls verdächtig. Das ist wie bei den Gentests.«

»In Ordnung, Natascha, meinen Segen hast du. Aber hol dir vorher das Okay der Staatsanwaltschaft zwecks Herausgabe der Privatadressen durch den Organisator.«

»Mach ich, Chef.«

Die Adressen der Seminarveranstalter entnahm sie den Rechnungen, die ihr aus der Kanzlei zugefaxt worden waren. Da es sich nur um drei Unternehmen handelte, konnte Natascha ihr Schreiben telefonisch ankündigen und so der Dringlichkeit ihres Anliegens persönlich Nachdruck verleihen. Bereits am Abend erhielt sie per E-Mail die gewünschten Daten, um die einzelnen Teilnehmer direkt anzuschreiben.

Es war schon spät, aber immer noch warm, als Martin seiner Sportkameradin beim Warten auf die S-Bahn simste: »Sorry Julia, komm jetzt erst aus dem Büro. CU«

»Macht nichts, ich weiß ja, was du von Beruf bist ;-) Aber beeil dich, es soll noch regnen. Freu mich auf dich!!!«, bekam er prompt Antwort.

Weil er erkannte, dass die Kollegin beim Inlinern nicht so geübt war wie er, bot Martin ihr an, sie an die Hand zu nehmen. Julia ließ sich ziehen und nutzte manchmal den Franken beim Bremsen als Prellbock.

Als es zu tröpfeln begann, lud sie den Kollegen zu sich nach Hause ein: »Bis du daheim bist, bist du klatschnass. Da ist es besser, du kommst mit zu mir!«

»Ich wusste gar nicht, dass du schüchtern bist?«, behauptete Julia, während sie Skates und Schutzkleidung auszogen.

»Bin i a ned.«

Daraufhin ergriff sie Martins Hände, zog ihn zu sich heran und sah ihm tief in die Augen. »Warum gibst du dann nicht zu, dass es dir gefallen hat, wenn ich mich an dich geschmiegt habe?«

Doch statt der erhofften Reaktion erhielt Julia lediglich ein hilfloses Grinsen zur Antwort. Deshalb riss sie sich von ihm wieder los und wich zurück. »Du hast ›ne andere!«

»Naa!« Martin schien verlegen, lächelte jedoch freundlich. »Iich bin bloß ned der Dübb, der den Herzschmerz aner Fraa ausnuzd.«

»Bei deiner Lehrerin vom Kunstpark Ost hast du dich nicht so angestellt. Dabei war die Frau doppelt so alt wie ich!«

»Jo mei.«

»Mann, bist du kompliziert! Ich kann nur sagen, dass ich momentan Bock auf dich hab.«

»Du maansd, iich bin bloß do, weil du dich ableng mussd.«

Eine Behauptung, mit der Julia nicht gerechnet hatte. »Ja, was jetzt? Wartest du etwa darauf, dass ich die Initiative ergreif?«

»Koo scho sei.«

Julia stellte den Kopf schräg. Nach kurzem Nachdenken zog sie ihr T-Shirt aus. »Ist das Initiative genug?«

Martin zog die Kollegin zu sich heran. »Goar ned so übel.« Ein einziges Mal strich er ihr mit Zeige- und Mittelfinger über die unbedeckte Hälfte ihres Busens. Seine Augen indes leuchteten.

»Du willst doch nur testen, wie weit ich gehe!«

»Wennsd maansd.« Martin hielt Julia locker an ihren Hüften und schmunzelte spitzbübisch. » Auch Männer lassn sich gern verführn.«

»Wenn du glaubst …« Julia führte den Satz nicht zu Ende. Stattdessen entledigte sie sich ihres BHs.

Woraufhin Martin sich nach vorne beugte, um sie zu küssen. Dabei streichelte er ihre nackte Brust. Und nachdem er eine Zeit lang ihren Busen mit der Zunge liebkost hatte, erkundigte er sich:»Hosd du Gondome im Haus?«

»Natürlich, ich bin eine emanzipierte Frau!«

Daraufhin nahm Martin Julia auf den Arm und trug sie ins Schlafzimmer.

»Wow«, keuchte sie, als sie fertig waren, »das war der Wahnsinn!« Erschöpft streckte sie alle viere von sich. Ihr Gesicht strahlte vor Glück. »Das hätte ich dir gar nicht zugetraut.«

»Des woar de Hammer!« Martin unterbrach seine Worte durch zärtliche Küsse. »Deine Hüfdbewegungen ... einfach grandios ... Mir zwaa ... sin scho a dolles Deam.«

Selig lagen sie mehrere Minuten nebeneinander.

»Du Martin?« Julia ergriff seine Hand und legte sich der vollen Länge nach auf ihn. Ihre Lippen waren nur wenige Zentimeter weit auseinander, gerade genug, um zu sprechen: »Ich möchte nicht, dass du den Eindruck bekommst, dass du für mich ein Notnagel bist.«

Der Franke grinste. »Mir hods drodzdem gefalln.«

»Ich hatte niemals vor, mit dir in die Kiste zu hüpfen, um mich abzulenken ... Aber als du mich beim Inlinern an die Hand genommen hast, verspürte ich so ein Kribbeln, ein wahnsinnig gutes Gefühl. Das sich mit jeder Umarmung steigerte, sodass ich Lust bekam, mit dir ins Bett zu gehen. Wenn ...«

»Hald einfach amol dei Schlabbern.« Martin umklammerte die Freundin, drehte sie ruckartig um. Seine linke Hand glitt über ihren ganzen Körper, während ihre Zungen umeinander tänzelten und er ihr mit der rechten durch die Haare strich.

»Magst du baden?«

»Wenn du mir zärdlich den Buggel schrubbsd.«

Sie wuschen sich sogar gegenseitig die Haare.

»Jetzt mal ernsthaft, Martin! Ich glaube, da entwickelt sich etwas zwischen uns. Dieses Kribbeln, das ich bei dir empfunden habe, habe ich schon lange nicht mehr gespürt!«

»Da koosd rechd ham, Julia. Iich glaab des nämli a: je diefer die Gefühle, desdo besser der Sex. Un des groad woar wergli fandasdich!« Martin zog Julia zu sich heran, wodurch das Badewasser überschwappte.

»Dann hast du also auch Schmetterlinge gespürt!«

Der Franke nickte. »Hunderddausend Schdügg.«

In Dänemark hatte sich am Morgen der Himmel wieder aufgelockert und am Nachmittag die Sonne den Rasen im Garten vollständig getrocknet. Es war zwar frischer als in der Woche zuvor, aber mit der passenden Kleidung sehr erholsam. Hannah sah in ihrem Minnie-Set toll aus.

Die Musiker von nebenan saßen ebenfalls auf der Terrasse. Sie unterhielten sich und lachten. So laut, dass Hannah erneut Richtung Nachbargrundstück unterwegs war. Und dieses Mal wurde ihr mehr Aufmerksamkeit geschenkt.

Sie stand keine Minute am Zaun, als der Gitarrist auf sie zulief und aus der Hocke heraus freundlich ansprach:

»Hallo Minnie, wo hast du denn deinen Freund Micky gelassen?«

Hannah strahlte über ihr ganzes Gesicht, bevor sie auf den Hintern plumpste. Doch anstatt zu weinen, gluckste sie. Denn der Typ hatte sich der vollen Länge nach auf den Bauch geworfen, die Ellbogen aufgestützt und seinen Kopf in seine Hände gelegt, damit er sich auf Augenhöhe des Mädchens befand. Er lachte, formte seine Lippen zu einem Kussmund und gab schmatzende Geräusche von sich.

Worauf Hannah gleichfalls die Lippen spitzte.

»Was machen Sie da?«, wurde sie jäh nach oben gezogen.

»Wir schließen Freundschaft, was sonst?« Der Typ richtete sich auf. »Hi, ich bin Steve. Und wer seid ihr?«

»Das ist Hannah.«

»Hallo, Hannah.« Er streckte ihr seinen rechten Zeigefinger entgegen. »Stellst du mir deine hübsche Mutti vor?«

Das Kleinkind schüttelte den Finger, sagte aber kein Wort.

»Ich heiße Meike.«

»Enchanté, junge Frau.« Mit seiner Linken ergriff Steve die Hand, die nicht benötigt wurde, um Hannah auf dem Arm zu halten, und deutete einen Handkuss an.

Meike lächelte amüsiert, um ihre Verlegenheit zu überspielen.

Auch Steve schwieg. Er betrachtete Hannah, musterte Meike.

»Darf ich die zwei bezaubernden Ladys zum gemeinsamen Grillen einladen?«, beendete er nach einer Weile die Stille. »Meine Freunde und ich würden sich außerordentlich freuen, wenn ihr uns diese Ehre erweist.« Er lachte Hannah an. »Müssen wir dein Essen pürieren oder reicht es, wenn wir es dir ganz klein schneiden?«

Was erdreistete sich dieser junge Kerl, sie einfach zu duzen? Meike wollte schon absagen, auch weil sie nicht die geringste Lust auf Bratwürste oder mariniertes Fleisch vom Lidl verspürte, als folgende Frage an ihr Ohr drang: »Und magst du lieber Lammfilet, Rindersteak oder Garnelenspieße?«

»Wir haben heute Morgen alles frisch eingekauft«, wandte er sich an Meike, »gestern konnte man ja keinen Hund vor die Tür lassen.«

»Da haben Sie recht«, erhielt er als Antwort. Und dann sagte sie das, was sie noch vor wenigen Minuten für völlig unmöglich gehalten hatte: »Ja, wir kommen gerne.«

»In einer Stunde? Bis dahin haben wir alles vorbereitet.«

Natürlich mussten sich die Damen umziehen und richten. Hannah kam im roten Cocktailkleid mit weißer Strumpfhose, während Meike eine weiße Hose sowie ein weißes T-Shirt mit goldfarbenem Aufdruck wählte.

Als sie auf der Terrasse erschienen, war der Tisch schon gedeckt. Inklusive Tischdecke, Papierservietten und einem Hochstuhl. »Schön, dass ihr da seid. Was möchtet ihr trinken?« Er lachte Hannah an. »Wobei ich davon ausgehe, dass du dir dein eigenes Getränk mitgebracht hast, weil du Typen wie mir nicht traust.«

»Gut erkannt.« Meike stellte die Wickeltasche neben dem Tisch ab. »Was habt ihr für mich?«

»Wasser, Saft, Bier, Prosecco, Rotwein.«

»Ein Glas Prosecco, warum nicht? Aber nur, wenn er kalt ist.«

»Da fällt mir ein, … ich könnte uns einen Aperol Sprizz mixen!«

»Mit Orange?«

»Na klar!«

»Dann gerne.« Meike lächelte, um zu verbergen, wie überrascht sie war. Im Grunde hatte ihre provokative Frage nur einem Zweck gedient: Den Musikern klarzumachen, dass sie eine Dame mit Niveau war. Bei der man sich anstrengen musste, um ihre Gunst zu erlangen. Doch Steve hatte ihre Distanzmauer noch vor deren Fertigstellung eingerissen.

Seine Freunde brachten den Salat und stellten sich ihren Gästen vor. Das Essen schmeckte vorzüglich, es wurde viel gelacht.

»Wie lange bleibt ihr?«

»Zwei Wochen, also fast. Wir haben zwar bis Samstag gebucht, müssen aber am Freitag abreisen, weil wir einen Tag später in Hamburg spielen.«

»Gibt's noch Karten? Oder muss ich mir euren Auftritt im Fernsehen anschauen?« Meike witterte abermals die Gelegenheit zu demonstrieren, dass sie nicht leicht zu beeindrucken war. Die Zeiten, in denen sie solchen Typen sofort um den Hals fiel, waren schließlich längst vorbei. Weil ihre Stimme jedoch selbst in ihren Ohren zu schnippisch klang, fügte sie lächelnd hinzu: »Aber live ist einfach die Stimmung viel besser.«

Steve grinste. »Für besondere Fans haben wir immer Platz!«

Er stand auf, sprintete ins Haus und kehrte mit einer silbernen Scheibe zurück. »Hier, unsere aktuelle CD, die schenke ich euch.«

Meike stellte den Kopf schräg und kniff das linke Auge zusammen. »Hannah hat aber noch keinen CD-Spieler!«

Dieser Einwand hielt Steve allerdings nicht davon ab, das Kleinkind aus dem Hochstuhl zu heben, es anzulächeln und ihm die CD samt Umhüllung in die Hand zu geben. »Dann hört ihr sie gemeinsam, im Auto oder zum Einschlafen.«

Juxend bewegte Hannah die Disc auf und ab, während Steve mit ihr einen Song zelebrierend über die Terrasse tanzte.

Dieser Charme, zum Dahinschmelzen. Gedankenversunken betrachtete Meike ihr Cocktailglas. Ein völliges No Go! Sie sah nach oben. Steve und Hannah tänzelten an ihr vorbei. »Ey ihr zwei, kommt mal her!« Ihr Blick folgte ihnen. Wie souverän er auf ihre Provokation reagiert hatte. So cool, so gelassen … absolut entwaffnend. Ihre Augen wanderten dem fröhlichen Tanzpaar hinterher, bis es erneut vor ihr stand. Zum Kotzen, wie hinreißend der Typ war. Sie lächelte. »Bist du dir sicher, dass da Schlaflieder drauf sind?«

»Ich kann bei den Stücken wunderbar schlafen«, meldete sich Steves Kumpel zu Wort, »zumindest nach dem dritten Bier!«

Hannah war fasziniert vom Feuer im Grill. Freude-strahlend ließ sie sich von Steve zum Rost tragen. Dort schmorten vereinzelte Champignons, eine Tomate sowie drei übrig gebliebene Zwiebeln in ihrer Alufolie.

»Vorsicht, das ist heiß!«

Dennoch streckte die Kleine ihre Händchen in Rich-tung der Glut.

»Du wirst mal unsere Griller-Queen«, sagte Steve so laut, dass es alle hörten. Worauf seine Kumpel sofort den Queen-Song mit ähnlichem Titel und entsprechend abgewandelten Text intonierten. Alle lachten, auch Han-nah.

Nachdem das Geschirr abgeräumt war, wurden die Ins-trumente ausgepackt. Steve konnte tatsächlich gut sin-gen, ein echter Profi.

Als er sah, dass Hannah die Augen zufielen, sang er »La Le Lu nur der Mann im Mond schaut zu«. Viel bes-ser als das Original. Sie legten das Mädchen auf den flau-schigen Teppich im Wohnzimmer, doch Meike trank bloß noch ihr Glas aus, bevor sie sich verabschiedete. Während sie seinen Freunden lediglich zuwinkte, erhielt Steve ein Bussi auf jede Backe. »Danke für den netten Abend, es war sehr angenehm mit euch.«

SOMMERFREUDEN

Obwohl er nach dem Frühstück mit Julia noch bei sich zu Hause vorbeigefahren war, erschien Martin am Mittwoch pünktlich zur Arbeit. Glücklich, zufrieden und voller Tatendrang.

»Gehd anner zur Beerdigung vom Glemens Grisd?«

»Wenn Julia da wäre, könnte einer von euch beiden hingehen«, antwortete Alois Schön. »Aber so sollten wir uns auf Wichtigeres konzentrieren. Ich denke nämlich nicht, dass ein Besuch der Beisetzung was bringt.«

»So blöd wird der Mörder nicht sein«, ergänzte Natascha, »oder glaubst du, der kommt extra aus Norddeutschland, um dem Anwalt ins Grab zu spucken?«

Martin schüttelte den Kopf. »Drozdem indressierd mich, wer alles do is und wie sich die Leid aufführn!« Deshalb rief er in der Mittagspause Julia an, ob sie nicht am Donnerstag zum Friedhof fahren könne.

War das heiß heute! Meike lechzte nach Abkühlung. Ein kühles Bad im Meer, das wär's jetzt. Aber wohin mit Hannah? Sie konnte sie unmöglich alleine im Haus lassen, zumindest nicht länger als fünf Minuten. Und das war eindeutig zu kurz. Die einzige Möglichkeit, die blieb, war, die Füße in der am Ufer auslaufenden Brandung zu erfrischen. Also packte sie ihre Sachen zusammen, nahm ihren Liebling auf den Arm und begab sich ins wohltuende Nass. Gottlob hatte Hannah keine Angst vor den Wellen.

Steve und seine Freunde lagen ebenfalls am Strand und winkten ihnen zu. Nach einer Viertelstunde – Meike kam es vor wie eine halbe Ewigkeit – kam er angerannt.

»Hallo, ihr zwei Hübschen, habt ihr unsere Party gut überstanden?«

»Ja, danke, mein Lieber, ihr wart vorzügliche Gastgeber!«

Hannah begehrte derweil, von Steve auf den Arm genommen zu werden. Mit ihrer ganzen Kraft, unterstützt durch lautstarkes Quengeln, versuchte sie, sich aus Meikes Armen zu befreien.

Woraufhin die laut überlegte: »Glaubt ihr, ihr haltet es länger miteinander aus? Dann würde ich die Gelegenheit nutzen, um eine Runde zu schwimmen.«

»Natürlich, nimm dir alle Zeit der Welt. Zur Not bauen wir die tollste Sandburg, die die Menschheit gesehen hat.«

»Ruft mich, wenn es Probleme gibt. Ihre Sachen stehen hier.« Meike ging zur Wickeltasche in etwa zehn Metern Entfernung, legte ihre Kleider daneben und gab Hannah einen Abschiedskuss, bevor sie sich in die Fluten stürzte. Genüsslich teilte sie die Wellen, drehte sich auf den Rücken und wieder auf den Bauch. Tat das gut.

Steves Kumpel lagen immer noch auf ihren Handtüchern. Allein! Meikes Augen suchten den Strand ab. Waren sie das? Das konnte doch nicht wahr sein! Links – rechts – hoch – runter. Füße in der Brandung – wie ein Flieger in der Luft. Und das Ganze im Kreis. Da wurde einem ja schon vom Zuschauen schlecht!

Vorsichtig pirschte sie sich an die beiden von hinten heran. Hannah schien es zu gefallen. Sogar unter Wasser hörte Meike sie lachen.

Beim Auftauchen wurde Steve erst einmal am Rücken nassgespritzt. Schließlich bot sein breites Kreuz genügend Schutz, dass ihr Liebling nur vereinzelte Tropfen abbekäme. »Ich wollte nur mal kurz nach dem Rechten sehen«, behauptete sie grinsend, »ob ihr euch verträgt und wer hier wen aufarbeitet.«

Steve nahm Hannah auf seinen Arm, bevor er sich zu Meike umdrehte. »Von uns aus kannst du bis nach Amerika schwimmen.« Danach wandte er sich dem Mädchen zu. »Wir sind nämlich ein tolles Paar, nicht wahr, meine Lütte?« Weil er nickte, nickte Hannah ebenfalls.

»Ich seh schon, du kannst gut mit Kindern umgehen. Und Hannah ist vermutlich dein größter Fan!« Meike hatte sich bereits wieder Richtung Meer umgedreht, als sie zurückgerufen wurde: »Genau, aber komm bitte trotzdem nochmal zu uns!«

»Was ist denn los?« Sie lief die wenigen Meter zurück.

»Ich wollte mich nur für das Vertrauen …« Steve legte seinen freien Arm um Meikes Schulter, zog sie zu sich heran und küsste sie auf den Mund. »Danke.«

Was für eine Unverfrorenheit, meldete sich sofort der rationale Teil ihres Gehirns. Ein schiefer, aber amüsierter, Blick, ein kurzes Lächeln. Dann drehte sie sich um und sah auf das Meer hinaus.

Die dir fraglos gefallen hat!, hielt die Gefühlsseite dagegen, wann gibst du endlich zu, dass du ihn mehr als sympathisch findest?

Willst du, dass er dir hier am Strand an die Wäsche geht?

Warum nicht? Wie Burt Lancaster und Deborah Kerr in »Verdammt in alle Ewigkeit«.

Am besten noch vor den Augen des Kindes! Das kannst du nicht zulassen. Also stürz dich in die Fluten! Und dreh dich auf keinen Fall um! Sonst merkt er, wie sehr du ihn begehrst.

Meike gehorchte ihrem vernünftigen Ich. Schaute nicht zurück, hob lediglich ihren rechten Arm. »Viel Spaß miteinander!«

Endlich war das Meer tief genug, um zu schwimmen. Mit voller Kraft pflügte sie durch die Wellen. Sie musste sich unbedingt auspowern, um einen klaren Kopf zu bekommen.

Als sie zurückkam, war Hannah umgezogen und eingecremt. Genüsslich nuckelte sie an ihrer Flasche.

»Na, Mama. Hast du dich erfrischt?« Steve lag allein auf seinem Handtuch.

»Ja, das Meer ist fantastisch und jetzt habe ich Durst!«

»Magst du ein Tuborg?« Steve öffnete die Gefriertasche. »Nicht frisch gezapft, aber gut gekühlt.«

»Dann her damit.« Gierig leerte Meike die Flasche bis zur Hälfte. Anschließend schnappte sie sich ihren trockenen Bikini sowie ein Handtuch und verschwand hinter einer Düne.

»Du solltest dich neu eincremen«, wurde sie nach ihrer Rückkehr aufgefordert, »beim Rücken helfen wir dir natürlich, nicht wahr, Hannah?« Steve nahm das Kleinkind auf seinen Schoß und drückte ihm die Sonnencreme in die Hand. Hannah schüttelte sie freudig hin und her.

Meike blieb nichts anderes übrig, als zu gehorchen. Sie legte sich auf den Bauch und schloss die Augen.

Steve streifte ihre Haare zur Seite und löste den Verschluss an ihrem Oberteil.

»Darf ich fragen, was das werden soll?«

»So machen das die Profis! Die Creme muss auf die Haut und nicht auf den Bikini!« Erst jetzt spritzte er die Lotion auf Schulter, Rücken und Beine. Hannah verteilte mit Hingabe die gelbweißen Kleckse, Steve erledigte den Rest. Zärtlich massierte er den Sonnenbalsam in jeden Zentimeter ihres Körpers. Von den Füßen, über Oberschenkel und Hüfte bis zu den Seiten links und rechts neben ihrer Brust. Bevor Meike überlegen konnte, was nun folgen würde und ob ihr das gefiele, hatte er den Verschluss wieder geschlossen. Stattdessen begann er, ihren Nacken zu massieren. Völlig entspannt schlief sie ein.

Als Steves Handy klingelte, wachte sie auf. Hannah hatte es sich auf seinem Bauch bequem gemacht.

»Okay, ich bin gleich da … Ja, Hannah kommt auch,

natürlich ... Warte, ich geb' sie dir kurz.« Er hielt das Smartphone an das Ohr des Kleinkinds.

Ihr Liebling lauschte interessiert, dann lachte sie.

»Die Jungs fragen, wo ich bleibe.« Erst jetzt richtete sich Steve zum Sitzen auf. Behutsam stellte er Hannah auf ihre Beinchen. »Wir wollten gemeinsam auf der Terrasse proben. Kommst du mit oder holst du Hannah nachher bei uns ab?« Schnell packte er seine Sachen zusammen, schnappte sich die Wickeltasche und verschwand mit ihrem Mädchen auf dem Arm. »Ciao Bella!«

Meike setzte sich nun ebenfalls auf, stemmte die Arme in ihre Hüften. »Sag mal, werde ich hier überhaupt nicht mehr gefragt?«

»Wieso? Du bist überstimmt! Nimm's nicht so tragisch, das nennt man Demokratie! Man sieht sich.«

Hannah juxte, als Steve zwei dicke, geräuschvolle Schmatzer in Richtung Meike schickte.

Sogar eine E-Gitarre samt Boxen stand auf der Terrasse, als Meike fünf Minuten später eintraf.

»Nachdem wir rechts keine Nachbarn haben, wir euch kennen und der Strand leer ist, dachten wir, es darf heute ein büsschen lauter werden.«

Obwohl Hannah mit den Texten von »Looking for freedom« und »Honky Tonk Women« nicht das Geringste anfangen konnte, schien ihr die Musik zu gefallen. Strahlend hielt sie sich an Steves Bein fest, lachte ihn mit all ihren Zähnchen an.

In den Musikpausen fühlte sie sich auf seinem Oberschenkel sichtlich wohl. Vergnügt zupfte sie an den Saiten seiner Akustikgitarre, erfreute sich an jedem Ton, den sie dem Instrument entlockte.

»Aus dir machen wir einen Weltstar«, hatte Steve sie angeschaut, »worauf stehst du denn? Schmusesongs, Pop oder noch härter?«

Als er »Let it be« und »Blowin' in the wind« zum Besten gab, schloss Meike die Augen. So bemerkte sie gar nicht, wie er für die nächsten Songs das Instrument wechselte. Auch Hannah zuckte bei den Anfangstakten von »Rockin all over the World« zusammen. Doch schon bald wackelte sie wieder mit den Hüften. Und nach »Gimme all you lovin'« von ZZ Top klatschte sie wie alle begeistert in die Hände.

Am Donnerstagmorgen stieg Julia auf einen Stuhl, um an die Kiste im obersten Fach ihres Kleiderschranks zu gelangen. Zwar gehörte die Perücke, nach der sie suchte, zu ihrem Faschingskostüm »Lebedame der 20er-Jahre«, doch hegte sie die Hoffnung, dass ihr diese heute gute Dienste leisten würde. Mit hellblondem Pagenkopf, Sonnenbrille, Highheels und dunklem, kniefreiem Sommermantel würde sie kein Mensch erkennen. Die junge Kommissarin kam sich vor wie in einem Hollywoodfilm. Unerkannt und inkognito, diese Art der Recherche war viel spannender als das Vorzeigen eines Dienstausweises.

Hoffentlich kommen zu meiner Beerdigung mehr Leute, überlegte sie, während sie die Trauerzeremonie aus sicherer Entfernung mit dem Teleobjektiv beobachtete. Die Gäste, der Grabredner, die Totengräber. Niemand musste in zweiter Reihe stehen. Julia glaubte, den Partner von Clemens Christ, seine Sekretärin sowie drei weitere Kanzleimitarbeiter erkannt zu haben. Zur Sicherheit machte sie von allen Trauergästen Fotos. Dabei stellte sie fest, dass eine Person fehlte: Katja Christ war zu Hause geblieben.

Martin staunte, als er die Nachricht auf seinem Handy las.

»Soll iich do hiefoarn und nach dem Rechdn schaue?«, klopfte er bei Alois Schön an die Tür.

»Ich denke nicht, dass sie sich etwas angetan hat«, erwiderte dieser, »und von der Liste unserer Verdächtigen hatten wir sie bereits gestrichen. Katja Christ kann ihren Mann nicht umgebracht haben, Diana hat ihre Angaben und Belege überprüft.«

»Des stimmd«, bestätigte der Franke leise, was Natascha, die gleichfalls anwesend war, grinsen ließ.

»Und als Entführer ihrer kleinen Tochter hatten wir sie ebenfalls ausgeschlossen«, führte Alois Schön seine Ausführungen zu Ende. Dabei sah er seine Stellvertreterin mit ernstem Blick an.

Nach einem Moment der Stille wandte sich die Kommissarin dennoch mit einem provokativen Lächeln an Martin: »Woher weiß Julia eigentlich, dass heute die Beerdigung ist? Sie hat doch Urlaub!«

»I hob sie gesdern zufällig droffn.«

»Ach so, verstehe.«

»Ich finde es auf jeden Fall gut, dass Julia so engagiert ist. Und die Fotos, die sie geschickt hat, sind wirklich hervorragend!«, erhob Alois Schön seine Stimme, bevor Natascha erneut den Mund aufmachen konnte. »Und jetzt geht bitte wieder an eure Arbeit.« Damit war die Besprechung beendet.

»Halt deine Neugier im Zaum«, rüffelte der Leiter der Mordkommission Natascha, nachdem der Franke den Raum verlassen hatte. »Wenn überhaupt, dann ist das immer noch meine Baustelle!«

Die Kommissarin nickte. »Okay, Chef! Dann warte ich mit meinen Glückwünschen, bis die große Liebe offiziell ist.«

Zur gleichen Zeit erhielt Meike eine Nachricht, die ihr absolut nicht behagte. Eine E-Mail, die über das Kontaktformular ihrer Firmen-Website gesendet und auf ihr Smartphone weitergeleitet worden war: »Warum hast du dich nicht gemeldet? Meine Geduld ist am Ende, aber gemeinsam schaffen wir das. Wir sollten uns treffen!!!«

»Gib mir Zeit bis Montag«, schrieb sie an die genannte Handynummer zurück, »da passt meine Mutter auf Hannah auf. Ich habe einen geschäftlichen Termin in Ohlstedt und will hinterher zum Joggen. Bin um 16 Uhr am Bahnhof!«

Zwei Minuten später schickte sie eine weitere SMS hinterher: »Musst nicht antworten, SIM-Karte wird vernichtet. Sei einfach da!«

Sie schaltete ihr Handy aus und fuhr mit Hannah in die Stadt, um sich ein neues zu kaufen.

ZEIT ZUM HANDELN

Obwohl Sophias Foto an allen Polizeirevieren in Deutschland hing, ihr Bild von zahlreichen Zeitungen abgedruckt worden war, gab es auch nach zweieinhalb Wochen kein Lebenszeichen von ihr. Die Wichtigtuer unter den Informanten waren mit der üblichen Polizeiroutine längst herausgefiltert, um einen Trittbrettfahrer kümmerte sich die Staatsanwaltschaft.

Der Rundbrief an die Gerichte erwies sich als nutzlos, die Teilnehmer der Fortbildungskurse hatten bisher nur vereinzelt geantwortet. Eine Dame räumte immerhin ein, mit dem Anwalt geflirtet zu haben. Man habe viel gelacht, und Clemens Christ habe ihr hinreißende Komplimente gemacht. Eine Einladung auf sein Zimmer habe er jedoch nicht ausgesprochen.

Ein männlicher Seminarbesucher, der in den letzten zwei Jahren drei Kurse mit dem Toten gemeinsam absolviert hatte, erklärte dagegen, dass der Anwalt in der Vorstellungsrunde stets betont hätte, dass er verheiratet sei.

Steve spielte mit seinen Freunden im Garten Fußball, als Meike mit einem Babyphone am Gürtel auf die Terrasse kam, um zu lesen. Denn Hannah hielt Mittagsschlaf, nachdem sie den ganzen Vormittag rumgetobt hatten.

»Hey, Steve!«, rief sie und lief zum Zaun, »schön, dass ich dich treffe!«

Sein Schuss geriet zu hoch, Meike fing den Ball reaktionsschnell auf. »Kannst du mir bitte einen Gefallen tun?«

»Bestimmt!«, plärrte einer seiner Freunde.

»Hier«, rief Meike und warf ihm den Ball zu, »am besten, ihr spielt woanders weiter!«

»Och nöö.« Grinsend machten sich die Kumpel vom Acker.

»Kommt darauf an, um was es sich handelt«, meldete sich endlich der Gefragte zu Wort.

»Ich muss am Montag geschäftlich nach Hamburg, da kann ich Hannah unmöglich mitnehmen. Kannst du auf sie aufpassen?«

»Das ist aber eine anspruchsvolle Aufgabe.« Der Schalk blitzte aus Steves Augen. »Geradezu eine Herausforderung!« Er senkte den Kopf, kratzte sich an seinem Haaransatz. »Du weißt, gute Babysitter sind äußerst selten.«

»Ich habe volles Vertrauen in dich. Ich hab ja gesehen, wie gut du mit Kindern umgehen kannst.« Erwartungsvoll sah sie ihn an. »Und Hannah liebt dich, sonst hätte ich dich nicht gefragt!«

»Und teuer!«

»So?« Meike stellte den Kopf schräg. »Was verlangst du denn?«

»Naja.« Steve langte über den Zaun und ergriff ihre Hände. »Sagen wir drei … nein, mindestens drei …«

»Ja?« Meike schmunzelte. Hand in Hand, die Arme locker nach unten hängend, standen sie sich gegenüber am Zaun.

»Natürlich zahlbar im Voraus. Oder? … Genau: drei Küsse bei Vertragsabschluss und einer bei Rückgabe … mindestens einer.« Er zog sie zu sich heran.

»Deal«, flüsterte Meike, bevor sich ihre Lippen berührten. Vor dem zweiten Kuss sprang er über den Zaun, beim dritten lagen sie auf dem Rasen. Danach hörten sie auf zu zählen. Erst als das Babyphone meldete, dass Hannah wach war, ließen sie voneinander ab.

Steve, Hannah und Meike. Diese Melodie ging ihr nicht aus dem Kopf. Immer wieder summte sie die Töne vor sich hin. Mal fügte sie ein euphorisches Yeah hinzu, mal fiel ihr eine zweite Zeile, die sich ab und zu sogar reimte, ein. Gab es den Song wirklich? Eher nicht. Aber es war ein eindeutiges Zeichen, dass sie glücklich war. So glücklich, wie schon lange nicht mehr.

Die Nachtcreme trug sie dicker auf, massierte sie besonders gründlich ein. Beim Einschlafen streichelte sie sich zärtlich über den Bauch. Steve konnte das bestimmt genauso gut. Mindestens.

Für einen Moment wanderte ihre Hand zwischen ihre Beine, der Zeigefinger verschwand für ein paar Sekunden in ihrem Inneren. Wunderbar! Alles passte.

Auch mit zwei Fingern tat es nicht weh. Mehr wollte sie gar nicht wissen. Zufrieden schlief sie ein.

Am Samstag gingen sie zu dritt am Strand spazieren und am Sonntag bauten sie mit Hannah eine Sandburg. Ein architektonisches Meisterwerk, das jedoch bald ein Opfer der Flut wurde.

»Sag mal«, erkundigte sich Meike, »magst du eigentlich kürzere Haare?«

»Bei dir?« Steve spielte mit Hannah Hoppe, hoppe Reiter und konnte daher nicht viel reden.

»Ja.« Sie sah ihn durch ihre Sonnenbrille an. »Ich überlege, ob ich am Montag in Hamburg zum Frisör gehe und sie abschneiden lasse. Es ist einfach praktischer.«

»Oben lang, an den Seiten kurz: ein Irokese stünde dir bestimmt gut!«

»Du Dösbaddel!« Meike haute Steve mit der Hand gegen die Schulter.

»Hilfe, Hannah, die Frau schlägt mich!« Doch dann wurde er wieder ernst: »Ich finde deine Haare toll, und mit langen Haaren kann man mehr machen als mit kurzen.« Er holte tief Luft. »Deswegen würde ich ihnen vermutlich ein wenig nachtrauern. Aber ich denke, du weißt selbst am besten, was dir steht. Und da du nicht nur in Bezug auf Männer einen exquisiten Geschmack hast, gehe ich davon aus, dass mir deine neue Frisur gefallen wird.«

Meike schloss die Augen. Der Wind wehte um ihre Nase. Dass sie das noch erleben durfte. Steve war vollkommen anders als die Typen, mit denen sie sich in den letzten Jahren rumschlagen musste. Im Grunde war er viel zu jung für sie, aber offenbar störte ihn das nicht. Weshalb sollte sie sich dann beklagen? Er war gebildet, sensibel, witzig und einfühlsam. Und wie er mit Kindern umging! Einfach fantastisch, superb! Obendrein machte er ihr keinen Druck hinsichtlich Sex. Hätte er sie nicht innigst geküsst, könnte … »Iiiehh!« Jäh wurde sie aus ihren Gedanken gerissen. Hannah hatte begonnen, ihre Füße zu begießen, und Steve hatte den ganzen Sandeimer voll Wasser über ihrem Oberkörper ausgeschüttet. Meike griff nach der Sonnencreme und schmiss sie nach ihm. Danach wurde Hannah gepackt, hoch gehalten, leicht geschüttelt und gefragt, was sie sich dabei denke, die Mama zu bespritzen: »Meinst du etwa, ich muss noch wachsen?«

Doch Hannah lachte nur. Und Steve entschuldigte sich mit einem Kuss.

Julia saß schon lange an ihrem Platz, als Martin am Montag im Büro erschien.

»Na du? Verschlafen?« Sie lächelte.

»Naa, wieso?« Der Franke ging um den Schreibtisch herum und küsste die Freundin von hinten auf den Hals.

Sein Pech, dass die Tür einen Spalt weit offen stand und Alois Schön gerade in diesem Moment auf dem Weg zur Kaffeemaschine war. Der Leiter der Mordkommission ließ sich jedoch nichts anmerken.

»Ich auf jeden Fall war schon fleißig und habe bereits die Mails diverser Seminarteilnehmer gelesen. Da ist über das Wochenende viel reingekommen!«

Martin legte seine Hände behutsam auf Julias Schulter. »Und? Was Indressands dabei?«

»Die meisten haben bloß pflichtgemäß geantwortet und erklärt, dass ihnen nichts aufgefallen sei.« Sie drehte ihren Kopf, um Martin anzusehen. »Aber eine meinte, sich zu erinnern, dass Clemens Christ mit der Seminarleiterin geflirtet habe. Hier schau!« Sie öffnete die Mail und las laut vor: »Bereits am ersten Tag, noch vor dem Abendessen, haben sie sich im Hotel-Schwimmbad angeregt unterhalten. Und in der Bar haben sie miteinander getanzt, obwohl nur Musik aus dem Radio lief. Die meisten Kursteilnehmer sind früh auf ihr Zimmer gegangen, ich habe mich als Letzte von den beiden verabschiedet. Demzufolge ist es mir nicht möglich zu sagen, was später passiert ist. Darüber hinaus liegt es mir fern, irgendwelche Gerüchte in die Welt zu setzen, geschweige denn jemanden zu belasten. Mit freundlichen Grüßen Ihre Mirjam Schmidt.«

»Hosd du den Chef scho informierd?«, erkundigte sich Martin.

Gemeinsam klopften sie an die Tür von Alois Schön. Der bat sie, Natascha zu holen, damit die Besprechung beginnen könne.

Julia wurde für ihren Einsatz auf der Beerdigung gelobt, ebenso für ihren Hinweis auf die Seminarleiterin. Anschließend erklärte Alois Schön, dass er bewusst nicht gefragt hätte, wie Julia ihren Urlaub verbracht hätte. Gleichwohl sei ihm nicht verborgen geblieben, dass sie und Martin sich näher gekommen seien. Als sich das junge Paar daraufhin in die Augen sah und nickte, fuhr der Leiter der Mordkommission fort: Er selbst freue sich aufrichtig und von ganzem Herzen für sie. Als ihr Chef müsse er sie allerdings darauf aufmerksam machen, dass Liebespaare und Ehepartner im gleichen Team bei der Polizei nicht gerne gesehen seien. Da er jedoch ihre fachliche Qualifikation sehr schätze, würde er einen Abteilungswechsel, egal von wem, nicht befürworten. Im Gegenteil, er würde sogar alles in seiner Macht Stehende tun, um dies zu verhindern. Allerdings nur, solange die Arbeit nicht unter ihrer Beziehung leide. »Ich habe keine Probleme, wenn ihr Händchen haltend ins Büro kommt oder euch morgens zur Begrüßung küsst«, schloss er seinen Vortag. »Und Natascha vermutlich ebenso wenig.«

»Wenn Julia unserem Vorzeigefranken noch Bayerisch oder wenigstens gescheites Deutsch beibringt, hätten wir alle etwas von eurer Liebe«, stimmte die ihrem Chef zu.

»Da will ich nichts versprechen«, schmunzelte die Kollegin.

»A weng bersönliche Idendidäd muss scho sei!«, wollte auch Martin diese Frotzelei nicht unkommentiert lassen.

»Wie ihr euch gegenüber den anderen Kollegen verhaltet, überlasse ich euch. Von uns erfahren sie jedenfalls nichts«, beendete Alois Schön die Besprechung.

»Wow, schaust du schick aus.« Steve pfiff vor Bewunderung durch die Zähne, als er die Haustür öffnete. »Wenn deine Auftraggeber diesen Anblick als Foto veröffentlichen, wird es für deine Seminare ratzfatz 'ne Warteliste geben, selbst wenn ihr die Preise verdoppelt!«

»Danke für die Blumen.« Meike gab ihm einen Kuss auf den Mund. »Dessen ungeachtet wird es nicht schaden, wenn du mir die Daumen drückst.«

»Das machen wir, Hannah, nicht wahr?« Er hob das Mädchen hoch.

»Frische Windeln, Feuchttücher sowie mehrere Gläschen Babynahrung sind in der Wickeltasche. Genauso Schwimmzeug, ihr Schlaftier und eine zweite Garnitur zum Anziehen.«

»Wunderbar. Und ich habe Bier, Sekt und Wein im Kühlschrank. Dazu die restlichen Steaks, Knoblauch, Zwiebeln und Chilisoße.«

»Du bist ein Döskopp, ein Volldepp! Zwar ein lieber, aber dennoch ein Depp.«

»Wobei die Soße nicht annähernd so scharf ist wie du in deinem Outfit!«

Meike grinste geschmeichelt. »Verbringt einen schönen Tag miteinander. Aber vergesst nicht, es kann spät werden.« Sie gab Steve und Hannah einen weiteren Kuss, bevor sie zum Haus zurücklief.

Eine Viertelstunde später war sie Richtung Flensburg unterwegs. Sie parkte ihr Auto am Bahnhof und fuhr mit dem Bus zu einer Mietwagenfirma in der Südstadt. Dort entschied sie sich für einen unauffälligen Kleinwagen ohne jeden Schnickschnack, den sie bar bezahlte. Anschließend ging sie zum Frisör.

Auf einem Waldweg nahe Neumünster tauschte sie

ihr Kostüm gegen eine billige Jeans, einen schlabbrigen Pullover und Wühltisch-Sandalen, die sie wenige Minuten zuvor in der Innenstadt gekauft hatte. Es kostete sie Überwindung, diese unmöglichen Klamotten anzuziehen, doch sie konnte nicht vorsichtig genug sein. Schließlich bestand die Möglichkeit, dass man sie verpfiffen hatte und die Polizei auf sie wartete.

Zwei Stunden bis zum vereinbarten Termin – ausreichend Zeit, die Lage zu sondieren.

Der Bahnhof sah genauso trist aus wie vor einigen Jahren, als sie das letzte Mal hier war. Aber aus diesem Grund bestens für ihre Zwecke geeignet. Jeder verdeckte Ermittler würde an diesem Ort auffallen. Sie parkte den Wagen so, dass sie die Einfahrt zum Park + Ride gut einsehen konnte. Sie stellte den Motor ab, ließ jedoch den Schlüssel im Zündschloss. Man konnte ja nie wissen.

Jetzt war es zehn Minuten vor vier. Die Zeitung hatte sie ausgelesen, ansonsten Musik auf ihrem Handy gehört.

Ein letztes Mal die Umgebung checken. War er schon da? Bis jetzt nicht.

Meike fuhr in Richtung Sportplätze. Sie zog ihren Jogginganzug an, steckte die benötigten Utensilien in die Jackentasche und lief über den Bahndamm zurück. Hans Hansen stand inzwischen vor dem Eingang des alten Bahnhofs.

Die Flitzpiepe sieht so blöd wie immer aus, war Meikes erster Gedanke, als sie ihn sah. Der Umstand, dass er sie nicht erkannte, bot ihr die Gelegenheit, noch mal das Terrain zu sondieren.

Kurz darauf tippte sie ihm von hinten auf die Schulter.

»Wartest du auf jemanden?« Wie ein Boxer beim Sparring hüpfte sie hin und her. Ein Lächeln, dann befahl sie: »Los, komm! Wir sind nicht zum Vergnügen hier!« Ohne eine Antwort abzuwarten, rannte sie los.

Hans Hansen hatte Mühe, sie einzuholen.

Bald hatten sie die Sandwege im Naturschutzgebiet Rodenbeker Quellental erreicht.

»Ich dachte, dass hier mehr Leute unterwegs sind«, begann er mit Small-Talk.

»Sind ja noch Ferien«, antwortete Meike knapp. »Außerdem hat der Quellenhof montags geschlossen.«

Als sie sich dem Wald näherten, drosselte Meike das Tempo. Erst lief sie langsamer, danach ging sie und schließlich stützte sie sich mit dem rechten Arm gegen den Stamm einer prachtvollen Erle. »Ich glaube, ich bin etwas zu schnell angegangen«, keuchte sie bühnenreif, »ich brauch eine kleine Pause.«

»Hast du Seitenstechen?« Hans Hansen zog die Stirn kraus, schien sich Sorgen um sie zu machen. »Sollen wir abbrechen?«

»Nein danke, gib mir nur zwei Minuten.« Meike steckte die Hände in die Taschen ihres Jogginganzugs.

»Richtig romantisch hier, ein lauschiges Plätzchen.« Hans Hansen berührte Meike mit der rechten Hand an der Hüfte. »Ich hoffe, du bist mir wegen meiner SMS nicht böse, normalerweise bin ich nicht so aggressiv.«

Er sprach leise, schien verlegen. »Ich wusste schon zu Schulzeiten, dass wir zwei füreinander bestimmt sind. Als du dann zu mir kamst, um mein Haus zu mieten, war mir klar, dass du genauso denkst!« Erst jetzt sah er sie an. Mit einem Blick aus Schüchternheit und Erwartung.

Meike dagegen empfand nichts als Ekel.

»Deswegen habe ich auch die Frau, die mein Ferienhaus angemietet hat, der Polizei ganz anders beschrieben ...« Er zog sie näher zu an sich heran. »Schließlich möchte ich mit dir und deiner Lütten mein Leben verbringen.«

Zu dem sich nun auch Verachtung beimengte. »Ich bin also deine große Liebe«, erwiderte sie hochnäsig.

Hans Hansen nickte. Er gab ihr einen flüchtigen Kuss und fing an, ihren Bauchnabel zu streicheln.

Doch bevor sich ihre Lippen ein zweites Mal berührten, zog Meike mit der Rechten einen Elektroschocker aus der Tasche ihres Jogginganzugs und hielt ihn an seinen Hals. Hans Hansen sackte sofort zusammen.

Seelenruhig zog sie ein Paar Lederhandschuhe an, klebte seinen Mund mit Klebeband zu und fesselte seine Hände mit einem Kabelbinder. Anschließend zerrte sie ihn ins Gestrüpp hinter einen Baum.

»Mein, lieber Hans«, begann sie, nachdem sie die Schleifspuren verwischt hatte, auf den am Boden Liegenden einzureden: »Natürlich ist mir nicht entgangen, dass ich so etwas wie deine Traumfrau bin.« Abschätzig sah sie ihn an. »Wobei Männer wie du sich glücklich schätzen können, wenn jemand wie ich ihnen im Traum begegnet.

Denn in der Realität werdet ihr von einer Frau wie mir niemals beachtet.« Sie grinste höhnisch. »So betrachtet ist heute dein Glückstag.«

Hans Hansen gab keinen Laut von sich. Seine Augen waren starr vor Entsetzen.

»Wie jeder weiß«, fuhr Meike nach einer kurzen Pause fort, »warst du in der Schule nicht der Hellste, zumindest im Vergleich zu mir.« Den Fußweg behielt sie im Blick. »Obwohl, … du scheinst dich gebessert zu haben. Dass du mich überhaupt gefunden hast, die Sache mit meiner Website, erfordert ein gewisses Maß an Intelligenz. Aber eines …«

Meike ging in Deckung, weil ein älteres Ehepaar auf dem Spazierweg entlanglief. »Wehe, du rührst dich!«, zischte sie, »noch ist genug Zeit, dir eine weitere Ladung zu verpassen!«

Als die Leute verschwunden waren, fügte sie mit honigsüßer Stimme hinzu: »Eines hast du jedoch übersehen, mein lieber Hans. Du bist halt doch ein Dummerchen.« Sie blieb in der Hocke, vermied es allerdings, ihr Opfer zu tätscheln. Obgleich es zu ihren Worten gepasst hätte. »In Deutschland gibt es keine Todesstrafe, und für Mord bekommst du normalerweise lebenslang.« Sie lächelte. »Hast du vergessen, dass ich bereits jemanden getötet habe? Oder hast du geglaubt, ich kriege mildernde Umstände und komme mit Totschlag davon?« Fragend sah sie Hans Hansen an. »Bei Mord und Kindesentführung? So naiv kann man doch wirklich nicht sein!«

Meike stand auf. »Und zwar ohne die Möglichkeit der vorzeitigen Entlassung. Egal ob ich einen, zwei oder

100 Kerle umgebracht habe. Und unabhänig davon, was ich jetzt mir dir mache.« Sie zog ein Springmesser aus der Trainingsjacke. »Daran hättest du denken sollen, du Torfnase.«

Dann stach sie zu. Mitten ins Herz. So tief, wie es die Klinge zuließ.

Hans Hansen röchelte nur kurz.

»Wusste ich doch, dass du schnell den Löffel abgibst«, blickte sie abschätzig auf den Toten, »du warst schon immer ein Weichei.« Sie zog die Mordwaffe aus dem leblosen Körper heraus, betrachtete das verschmierte Messer in ihrer Hand. »Diese Dinger sind stabiler, als ich dachte!« Seelenruhig klappte sie es zusammen. Sie hatte getan, was getan werden musste.

Meike zog den Leichnam weitere Meter in den Wald hinein und bedeckte ihn mit Blättern und Reisig. Nun waren vom Wanderweg aus weder der Hans beziehungsweise das, was von ihm übrig blieb, noch sonstige Spuren zu erkennen. Ihretwegen konnte er da nun verrotten, den Tieren des Waldes ein Festmahl sein. Alternativ dem Boden als Dünger dienen. So wäre der Typ wenigstens der Natur noch von Nutzen.

MOMENTE DES GLÜCKS

Als Meike am Auto ankam, knurrte ihr Magen. Ungewöhnlich in dieser Situation, wie sie sich selbst eingestand. Andererseits ein Beleg dafür, dass der Typ ein Niemand war. Ein Verlierer, den kein Aas vermisste. Um den sich kein Mensch scherte, der nicht einmal Mitleid erregte.

Auf jeden Fall freute sie sich, als sie in Tangstedt einen Grillwagen entdeckte. »Ein Hamburger, ein halbes Hähnchen mit Pommes und eine Cola. Aber packen Sie bitte alles getrennt ein.«

Der freundliche Verkäufer übergab ihr die Speisen, gemeinsam mit Besteck, zwei Servietten und einem Citrus-Frischetuch in einer Plastiktüte.

Sie fuhr auf den Parkplatz Moorkaten, um das Hähnchen und ein paar Fritten zu essen. Die Knochen wickelte sie in die benutzte Serviette und warf sie zusammen mit dem Plastikbesteck und dem Frischetuch in einen Papierkorb. Anschließend nahm sie den Fleischklops, packte ihn in die Hähnchentüte, platzierte die Tatwaffe in der Mitte und garnierte das Ganze mit den restlichen Pommes und der unbenutzten Serviette. Meike war froh, dass sie noch ihre Handschuhe hatte. Dies vermied unnötige Fingerabdrücke, und außerdem war es ihr so möglich, die Tüte mit dem brisanten Abfall unter einer Ladung übel riechender Windeln in einem Müllcontainer auf dem Parkplatz Dätgen zu deponieren. Ebenso nutzte sie dort die Gelegenheit, sich umzuziehen.

Was für ein Loser, ein Stich und schon macht der 'nen Abgang! Obwohl sie mit 160 km/h einen LKW überholte, griff Meike nach der Cola im Becherhalter. Kein Vergleich zu Clemens Christ. Der war wenigstens wie ein richtiger Kerl gestorben.

Vor ihrem geistigen Auge erschienen die Bilder, wie sie das Besteck aus der Spülmaschine in die Schublade räumte, als der Anwalt die Küche betrat. Sie hatte ihn angestrahlt und gefragt, ob er genauso glücklich sei wie sie. Doch anstatt ihr seine Liebe zu gestehen oder sie zu umarmen, hatte er ihr das Kuvert, das sie ihm geschickt hatte, auf den Tisch geknallt. Er habe zwei Bündel 100-Euro-Noten in den Umschlag gepackt. Sie solle das Geld nehmen und verschwinden, am besten ins Ausland. Meike spürte, wie der Groll in ihr wuchs. Sie presste Lippen und Zähne zusammen.

Läppische 20.000 Euro, das bekam sie für zehn Tage Seminar. Sie schüttelte den Kopf. Das hätte er anhand ihrer Rechnung leicht feststellen können. Davon abgesehen: Hatte er nicht bemerkt, welch bezaubernde Kleider sie für seine Tochter gekauft hatte? Das musste doch selbst ein Mann erkennen, dass die nicht billig waren. Genau wie die anderen Sachen: der Kindersitz fürs Auto, der Laufstall … alles nur vom Feinsten.

Meikes Finger krallten sich am Lenkrad fest. Hohnlachend zog sie die Mundwinkel nach oben. Hatte der Kerl wirklich geglaubt, sie würde ihr Glück gegen Geld eintauschen? Nicht für 100 Millionen Euro – und schon gar nicht für Almosen. Erneut trat sie aufs Gaspedal, obwohl sie es längst bis zum Anschlag durchgedrückt hatte. Ein Steakmesser noch in der Hand, hatte sie ihn erstaunt angesehen und gesagt: »Aber Clemens, wir wollten doch zusammen ins Ausland! Eine Familie gründen und Hannah ein Geschwisterchen schenken! Weil wir uns lieben!« Ihre Augen verengten sich zu winzigen Schlitzen.

»Träum weiter«, hatte der Mistkerl erwidert und sich einfach umgedreht, um zu gehen. Das Lätzchen könne sie als Andenken an ihn und Sophia behalten. Was für ein Affront! Das hätte er doch wissen müssen, dass sie so etwas nicht auf sich sitzen lassen konnte. Meike gab dem Lenkrad eine schallende Ohrfeige. Gottlob fuhr niemand links neben ihr.

Weshalb hielten sie eigentlich alle Männer für blöd? Offenbar hatte Clemens nicht zugehört, als sie ihm erläuterte, wie sie sich ihre gemeinsame Zukunft vorstellte.

»Läppische 20.000 Euro«, murmelte sie erneut vor sich hin. Wenn der gewusst hätte, was sich in der Tasche im Schlafzimmerschrank befand!

Oder hatte er sie unterschätzt, an ihrem Willen und ihrer Durchsetzungskraft gezweifelt? Offensichtlich. Meike grinste selbstgefällig. Das war ein ganz schwerer Fehler gewesen. Den er erst erkannt hatte, als es zu spät war. Diese Überraschung in seinen Augen ... wie er sie schon auf dem Boden liegend ansah! »Hast du im

Ernst geglaubt, ich geb Hannah so leicht wieder her, Clemens?«, hatte sie ihn gefragt. Doch anstatt seinen Irrtum einzusehen, hatte der Herr geglaubt, er hätte das Recht zu fluchen … Deshalb musste sie ihm die Kehle durchschneiden, schließlich durfte ihr Liebling nicht geweckt werden!

»Du hattest die Wahl«, hatte sie ihm erklärt, bevor sie ihn von seinem Leiden erlöste. … Ein Stich ins Herz – als Ausdruck ihrer Sympathie sozusagen.

Mann, wie der blutete. Es hatte ewig gedauert, bis sie die Sauerei aufgewischt hatte. Dann hatte sie den leblosen Körper angezündet, um die letzten Spuren zu beseitigen. Und anschließend noch mal durchgeputzt.

Ihre Gesichtszüge entspannten sich. Wohlüberlegte, rationale Handlungen, zu denen nur Menschen mit ihrem Verstand fähig waren.

Den Elektroschocker entsorgte sie in einer Flensburger Mülltonne, die grässlichen Klamotten samt Handschuhen landeten kurz darauf in einem Altkleidercontainer. Sollte damit froh werden, wer mochte. Danach fuhr sie zur nächsten Tankstelle, tankte voll und gab den Mietwagen wenige Minuten vor Dienstschluss in der Servicestation ab.

Zu Hause nahm sie ein Bad. So verschwitzt konnte sie Steve unmöglich unter die Augen treten. Sie rief ihn an, um ihm mitzuteilen, dass sie sich erst den Dreck der Großstadt abwaschen müsse.

»Wenn Hannah nicht schliefe, würden wir das übernehmen.« Sein frivoles Grinsen war auch ohne Bildtelefon deutlich erkennbar. »Aber so kannst du dir Zeit lassen. Wir haben den ganzen Tag miteinander gespielt, rumgealbert und uns prächtig amüsiert.«

»Und wenn sie aus dem Bett fällt?«

»Keine Angst, unsere Lütte liegt in ihre Decke gehüllt zu meinen Füßen auf dem Teppich. So kann ich sie am besten beaufsichtigen.«

»Das ist schön. Dann kann ich mein Schaumbad noch eine Weile genießen.«

Steves Wunsch, ihm ein Badewannenfoto per Whats-App zu übersenden, kam Meike nicht nach. Auf seine Frage, wie es gelaufen sei, antwortete sie, sie gehe davon aus, den Auftrag zu bekommen. Gratulieren dürfe er allerdings erst, wenn die Tinte unter dem Vertrag trocken sei.

Meike schaffte es, Hannah abzuholen und in ihr Bettchen zu legen, ohne sie aufzuwecken. Steve erklärte sie, sie selbst sei ebenfalls hundemüde und sehne sich genauso nach Schlaf. Er begleitete sie bis zur Haustür und verabschiedete sich mit einem zärtlichen Kuss.

Hannah saß in der Sandkiste, als Steve gegen Mittag über den Gartenzaun sprang und sie freudig begrüßte. Nach einem kurzen Fachgespräch über Eimer und Förmchen ging er zu Meike, die auf der Terrasse saß und las. Er gab ihr einen Kuss und setzte sich neben sie. »Erzähl mal! Wie war's?«

»Wie ich schon sagte, gut!« Meike lächelte. »Die Herren der Geschäftsleitung waren von mir sehr ange-

tan.« Weil Steve darauf bloß mit einem frechen »Soso«
reagierte, erkundigte sie sich anschließend: »Apropos
angetan, wie gefällt dir nun meine neue Frisur?«

»Ich hätte dich fast nicht erkannt!«

»Wirklich?«

»Naja, verändert siehst du schon aus.«

»Das heißt, es gefällt dir nicht.« Meike war selbst überrascht, wie enttäuscht sie klang. Dabei war seine Antwort genau das, was zu ihrer aktuellen Situation passte.

Steve rückte seinen Stuhl näher an Meike heran. »Bei
solchen Fragen kann ein Mann nur verlieren.« Liebevoll
strich er ihr durch die Haare. »Wenn ich jetzt sage …«
Er stoppte mitten im Satz. »Ich sagte ja bereits, dass mir
längere Haare besser gefallen. Aber die Farbe ist schön!
Und da Haare bekanntlich wieder wachsen, werde ich
es überleben.«

»Du hast mir schon bessere Komplimente gemacht.«

»Entscheidend ist das Gesamtpaket!« Steve sah zum
Sandkasten, wo Hannah gerade den Eimer umdrehte.
»Und zu diesem zählt auch deine Lütte dazu.« Für einen
Moment verharrte er in seinen Gedanken. Doch schon
wenig später grinste er über das ganze Gesicht. »Du
könntest sogar eine Warze auf der Nase haben oder deinen Besen unordentlich im Wohnzimmer rumliegen lassen …« Dann nahm er ihren Kopf in seine Hände und
gab ihr einen dicken Kuss. »Ich würde euch zwei immer
noch liebhaben!« Worauf ein zweiter folgte.

Was Meike nicht vom Versuch abhielt, ihn als Antwort auf diesen Affront zu kitzeln. »So«, beschwerte sie
sich, kaum, dass sich ihre Lippen getrennt hatten, »du

hältst mich also für eine Hexe. Dann pass auf, dass ich dich nicht mit einem Kitzelfluch belege.«

»Das wirkt bei mir nicht, dagegen bin ich immun, dazu habe ich zu viele Muskeln!«

»Das glaube ich dir nicht, zeig her.«

Steve lupfte sein T-Shirt und spannte seine Bauchmuskeln an. Wie ein Mitglied der Chippendales stellte er sich in Position. Zur Belohnung erhielt er einen Kuss auf den Bauch.

»Habt ihr eigentlich einen Fernseher in eurem Ferienhaus?«, wollte Meike anschließend wissen.

»Ja, aber wir schauen nicht. Wenn, dann streamen wir Filme und Musik gezielt im Internet.«

»Und Nachrichten?«

»Nicht im Urlaub«, erwiderte Steve, während sein Handy klingelte. »Ich komme«, rief er ins Telefon. Ein letzter Kuss, dann rannte er zum Nachbarhaus.

Die sterblichen Überreste von Hans Hansen fand ein Hobbyfotograf am frühen Mittwochmorgen. »Ich habe eine neue DSLR-Kamera«, berichtete er Diana stolz. »Digital Single Lense Reflex«, ergänzte er, weil Diana nichtwissend schaute, »das sind Kameras, an die man richtig lange Teleobjektive anschrauben kann, ideal für meine Leidenschaft, die Tierfotografie.« Seine Tasche mit den dazugehörigen Utensilien stand auf dem Boden des Polizeibusses. »Ganz früh morgens ist der optimale Zeitpunkt für gute Aufnahmen, am besten vor Sonnenaufgang.«

Diana konnte seinen Enthusiasmus nicht teilen, man hatte sie um 3.30 Uhr aus dem Bett geklingelt. Dabei war ihr Sohn wachgeworden, was ihren Mann genauso wenig wie sie erfreute.

»Ich verließ den Gehweg und ging in den Wald, um einen Rohrsänger, eine Gebirgsstelze oder vielleicht sogar einen Eisvogel zu finden«, erzählte der Fotograf voller Begeisterung, »zumeist sah ich nach oben, ich suchte nach Nestern, als ich mit dem Fuß gegen etwas Härteres, eine Art Klumpen, stieß.« Erst jetzt benötigte der Herr eine Pause.

»Ich konnte gerade noch verhindern, der Länge nach hinzufallen.« Seine Anspannung wuchs erkennbar. »Zuerst dachte ich an ein verendetes Tier, doch dann sah ich zwei Finger, die unter dem Laub herausragten. Ich bin sofort zurück auf den Waldweg und habe die 110 angerufen. Und die haben dann Sie geschickt.«

Diana sah ihn an: »Haben Sie die Leiche angefasst? Oder fotografiert?«

Der Naturfreund schüttelte den Kopf. »Dazu war ich viel zu geschockt. So wie meine Hand zitterte – ich hätte bestimmt meine Kamera fallen gelassen.«

»Gut, ich glaube Ihnen.« Nachdem er auch die Frage, ob er den Toten kenne, verneint hatte, durfte der Herr gehen. Seine Personalien hatten die Kollegen bereits aufgenommen.

Diana dagegen hatte den Toten sofort erkannt. Sogar seine Adresse wusste sie noch. Also fuhr sie mit drei Kollegen zum Haus von Hans Hansen. Im Erdgeschoss hatte sich gegenüber ihrem ersten Besuch nicht das Geringste verändert. Genauso waren die Zimmer im oberen Stockwerk ordentlich aufgeräumt. Die leere Garage hingegen deutete auf eine Verabredung Hans Hansens mit seinem Mörder hin.

Den Rest würde die Spurensicherung erledigen, um den Laptop kümmerten sich die Computer-Forensiker. Und sie freute sich auf einen starken Kaffee im Büro.

Hansens Auto entdeckte man am Park + Ride-Parkplatz in Ohlstedt. Ein Zettel wegen Überschreitung der zulässigen Parkdauer klebte bereits an der Windschutzscheibe. Sein Handy fand man im Handschuhfach.

Für die Spezialisten der IT-Abteilung war es ein Leichtes, die benötigten Passwörter herauszufinden. Weder die Nachricht an Meike noch ihre Antwort auf dem Handy waren gelöscht.

»Ich wurde schon fündig, als ich sein Outlook geöffnet und mir die Protokolle im Handy angeschaut habe«, erklärte der Kollege zwei Stunden später am Telefon. »Natürlich schauen wir uns alles noch genauer an, aber das wollte ich Ihnen schon mal zurufen.«

Diana schrieb Meike zur Fahndung aus und rief den Richter zwecks Überprüfung ihrer Konten und Handyüberwachung an.

Anschließend leitete sie die Neuigkeit nach München weiter.

Eine Eingabe in Google, ein Besuch auf ihrer Website und für Alois Schön stand fest: Bei Meike handelte es sich um die Seminarleiterin, die mit Clemens Christ geflirtet hatte.

Obwohl die Frau, die ihn von der Homepage anlächelte, nicht im Geringsten der Dame glich, die Hans Hansen beschrieben hatte. Das Telefonat mit der Kursteilnehmerin, die die beiden beobachtet hatte, bestätigte ihn dagegen in seiner Meinung.

Er rief sein Team zusammen. »Ich habe den Eindruck, dass der Vermieter Diana angelogen hat. Oder ist hier jemand der Meinung, die Mieterin des Ferienhauses und Hansens Mörderin ist nicht ein und dieselbe Person?«

Die Kollegen schüttelten den Kopf.

»Des glabbt doch kaa Mensch«, meldete sich Martin anschließend zu Wort.

»Genau!«, ergänzte Julia, »er weiß, dass sie Clemens Christ ermordet hat, will sie aber nicht verraten. Fragt sich nur, warum?«

»Entweder will er sie erpressen oder er ist verliebt in sie«, erläuterte Natascha.

»Exakt!«, pflichteten ihr Julia und Martin unisono bei, bevor Alois Schön die Diskussion beendete.

Meikes Kontoumsätze belegten, dass sie in den letzten Jahren hervorragend verdient hatte. Bis im November ihre Einnahmen wegbrachen. Die Nachfrage bei den Seminarveranstaltern ergab, dass sie wegen Krankheit lange gebuchte Kurse abgesagt hatte. Und nach einigen weiteren Telefonaten stand fest, dass es sich nicht um eine Erkrankung, sondern um einen Abort gehandelt hatte. Ebenso, dass Meike den Kurs zur Bewältigung ihrer Krise nur einmal besucht hatte.

Ein Blick in den Kalender machte deutlich, dass Clemens Christ durchaus der Vater ihres ungeborenen Kindes gewesen sein konnte. Für den Verdacht, dass Meike seine Tochter entführt hatte, sprach zudem, dass sie in den letzten Wochen nur sehr vereinzelt Umsätze mit ihrer Kreditkarte getätigt hatte. Stattdessen waren Zahl und Höhe der Barabhebungen von ihrem Konto drastisch angestiegen.

Die Tatsache, dass nun feststand, wonach und nach wem man suchen musste, erleichterte die Ermittlungsarbeit der Hamburger Polizei und die gründliche Hausdurchsuchung bei Hans Hansen erheblich. Schnell fand man heraus, dass der Tote und seine vermeintliche Mörderin Klassenkameraden waren. Anmerkungen zu Fotos aus Schulzeiten und von Klassentreffen belegten, dass Hans Hansen bereits als Schüler für Meike geschwärmt hatte. Und dies offensichtlich bis zu seinem Tod tat. Dennoch konnte sich kein Nachbar erinnern, die Frau jemals gesehen zu haben.

EINE SCHWERE ENTSCHEIDUNG

Kindesentführung und Doppelmord. Die Presse versprach, die Nachricht so schnell wie möglich zu bringen und bei der Fahndung nach Meike zu helfen.

Wie erwartet war auch die Reaktion der Nachbarn und des Umfelds von Meike. Egal ob man die Leute persönlich oder am Telefon befragte: jeder beteuerte, er sei entsetzt und habe sich niemals vorstellen können, dass Meike zu solch grausigen Taten fähig sei.

Von einer Schwangerschaft hatte niemand etwas mitbekommen, dass sie Männern nicht abgeneigt war, dagegen schon. Mit Kindern habe sie hingegen nie etwas am Hut gehabt. Ein Nachbar sprach aus, was Diana befürchtete: »Ein Kind, das ist doch nur Last für die. Darauf nimmt die nie im Leben Rücksicht.«

Meike sei halt doch mehr eine Karrierefrau, was zu den Aussagen aus ihrer geschäftlichen Umgebung passte. Intelligent, attraktiv und straight, eine knallharte Geschäftsfrau, waren Termini, mit denen man Meike beschrieb. Ebenso charakterisierte man sie als konsequent, kompromisslos und rational handelnd.

Dieser verdammte Hans Hansen. Während Hannah Mittagsschlaf hielt, hatte Meike den Fernseher ohne Ton angeschaltet, um den Videotext zu checken. Was musste sich dieser Schwachmat in ihr Leben einmischen? Wie ein Stier in der Arena schnaubte sie aus. Der Typ machte nichts als Ärger. Voller Zorn schmiss sie die Fernbedienung aufs Sofa. Sogar als Leiche! Warum nur musste er so schnell gefunden werden? Von einem Idioten, der nachts nichts Besseres zu tun hatte, als Vögel im Wald zu fotografieren. Was für ein Volldepp!

Gleichwohl musste sie nun eine Entscheidung treffen. Eine, die ihr nicht leichtfallen würde. Deren Folgen ihr vermutlich arg zusetzen würden. So oder so.

Minutenlang stand sie an Hannahs Gitterbett. Wie sie träumte, wie sie lächelte, selbst im Schlaf. Ihre Hannah. Es hätte alles so schön sein können, das Paradies auf Erden. Auch für Hannah wäre alles viel besser geworden … so wie sie es geplant hatte.

Sie ging zum Fenster, sah rüber zum Nachbargrundstück. Steve und seine Freunde saßen auf ihrer Terrasse und aßen zu Mittag. Was für ein Mann … der geborene Vater … liebevoll und einfühlsam … bestimmt auch ein erstklassiger Liebhaber. Für einen Moment entspannten sich ihre Gesichtszüge. Noch ein Blick auf ihren kleinen Liebling, dann schloss sie die Tür.

Die Mittagsnachrichten zeigten sogar ein Foto von ihr und Hannah. Und im Internet fand sie noch eines von

Clemens Christ. Ob man sie zu zweit oder zu dritt gesehen hätte? Wohl kaum.

Hinsichtlich ihrer Person musste sie sich nicht die geringsten Sorgen machen. Ihr neues Aussehen ähnelte kaum der veröffentlichten Aufnahme, die man ihrer Website entnommen hatte. Ungeschminkt und mit zerzausten Haaren noch weniger. Mehr Probleme bereitete da schon der Umstand, dass man wusste, welchen Wagen sie fuhr.

Und Hannah! Ihre Kleine war wirklich gut getroffen. An ein so hübsches Mädchen würden sich garantiert viele Menschen erinnern. Wer hätte gedacht, dass die Schönheit ihrer Süßen mal zu ihrem Problem werden würde?

Das Babyphone meldete, dass Hannah wach war.

Kannst du nicht einmal länger schlafen? Ich habe auch meine Bedürfnisse! Schon länger als eine Viertelstunde hatte Meike am Fenster gestanden und Steve beobachtet. Diese breiten Schultern, seine Hüften. Das, was zwischen seinen Beinen hing, schien ebenfalls nicht von schlechten Eltern. Soweit sich das aus der Ferne beurteilen ließ.

Konnte Hannah nicht leiser sein? Meike kniff die Augen zusammen. Weshalb hatte sie es sich eigentlich nicht viel früher von ihm besorgen lassen? Vermutlich lag es an Hannah. Deren Schreien wurde immer lauter.

Ohne das Baby hätten sie das Bett tagelang nicht verlassen. »Ist ja gut«, grummelte sie vor sich hin. Offenbar brauchte die Kleine eine neue Windel.

Das frisch gewickelte, lachende Kind auf dem Arm

trat Meike in den Garten. »Hey Jungs, ich habe eine gute und eine schlechte Nachricht erhalten. Was wollt ihr zuerst hören?«

»Die gute.«

»Mein Geschäftstermin war erfolgreich. Ich habe gerade eine SMS bekommen, man will mich für 35 Tage buchen!«

»Klingt nach 'nem Haufen Kohle«, merkte der Drummer an.

»Und was ist die schlechte?« Steves Augen verengten sich. Er stellte den Kopf schräg. Unsicher sah er sie an.

»Der erste Kurs beginnt bereits am Montag um neun Uhr in der Nähe von Stuttgart. Das heißt, ich muss morgen abreisen. Schließlich muss ich mich noch vorbereiten.«

»Dann müssen wir halt schon heute Abend Abschied feiern!«

»In Ordnung, meine Herren, ich schlage vor, ihr kommt so um sechs zu uns rüber. Diesmal bin ich mit Kochen dran!«

Es gab Mini-Farfalle mit Hähnchen-Zitronen-Sauce und Salat. Allen schmeckte es. Steves Freunde hatten den Anstand, sich nach dem Espresso zu verabschieden. Wenige Minuten später waren auch Hannah die Augen zugefallen.

»Und jetzt?«, fragte Steve, nachdem er leise die Tür zum Kinderzimmer geschlossen hatte. »Soll ich die Mami auch ins Bett bringen?«

»Wenn du magst.« Meike lächelte verführerisch, zog ihn zu sich heran und gab ihm einen Kuss.

Daraufhin packte Steve sie unter den Oberschenkeln, trug sie ins Schlafzimmer und legte sie vorsichtig auf dem Bett ab.

Meike genoss es, wie er sie langsam entkleidete. Sie schloss die Augen. Der Knabe wusste genau, was ihr gefiel. Also ließ sie ihn einfach machen.

Ihre Atmung beschleunigte sich. In ihrem Körper begann es zu kribbeln. Jede Zelle schien elektrisiert. Das hatte selbst Clemens nicht geschafft.

Steve stülpte sich ein Kondom über und drang in sie ein. Es war einfach grandios. Alle Glückshormone dieser Welt vereinten sich in ihrem Körper. Meike stöhnte. Erst leise, dann laut. Bis sie enthemmt schrie.

»Nicht so laut, du weckst die Prinzessin auf«, monierte Steve, als auch er fertig war.

»Tschuldigung, ich konnte es nicht verhindern«, erwiderte Meike, »du warst einfach zu gut.«

»Du hast recht, es war absolut großartig«, gab Steve das Kompliment zurück. Die Beine von sich gestreckt, mit strahlenden Augen ergriff er ihre Hand. Minutenlang lagen sie Händchen haltend nebeneinander.

»Wie spät ist es?« Meike nahm ihre Uhr vom Nachttisch. »Oh Gott, ich hab noch nicht einmal alles gepackt!«

»Gib mir noch zehn Minuten.« Steve küsste sie auf den Mund. »One more time, du wirst es nicht bereuen!« Seine Hände glitten zärtlich über ihren Körper. »Danach bin ich weg, versprochen!«

»Wer's glaubt …« Meike führte den Satz nicht zu Ende. Steve hatte sie umgedreht. Nun wollte sie nicht mehr reden, sondern nur noch genießen.

Nachdem er seine Kleider angezogen hatte, gab er ihr einen letzten, leidenschaftlichen Kuss. Ohne sich umzuschauen, lief er die Treppe hinunter und zog die Haustür ins Schloss.

Meike blieb liegen. Sie mochte sich an seinem Duft ergötzen, ihn nicht durch das Aroma von Zahnpaste, Creme oder Seife zerstören. Das hier war mit Abstand das Schönste, was sie jemals erlebt hatte.

Weshalb waren sie sich nicht schon früher begegnet? Dann wäre Clemens Christ nie in ihr Leben getreten. Stattdessen hätte sie einen wundervollen Mann geheiratet, mit diesem eine glückliche Familie gegründet. Wieso hatte ihnen das Schicksal nicht mehr Zeit gegönnt? Vieles wäre nicht passiert. Und Hannah hätte es ebenfalls nicht gebraucht.

WARUM NUR, WARUM?

Als Steve aufwachte, ging gerade die Sonne auf. Sein Mund war trocken, seine Erinnerung süß. Er nahm eine Flasche Mineralwasser aus dem Kühlschrank, griff sich im Vorbeigehen einen Apfel, setzte sich auf die Terrasse und ließ den vergangenen Abend Revue passieren: Meike war eine tolle Frau. Mit einer süßen, liebenswerten Deern. Er sah rüber zum Nachbargrundstück. Die beiden schienen noch zu schlafen.

Ob Meike von ihm träumte? Oder war sie einfach nur erschöpft? Das würde ihn nicht wundern … bei der Leidenschaft. Er schmunzelte. Echt phänomenal waren sie gewesen. Auf jeden Fall wollte er diese Beziehung weiterführen. Spätestens morgen Abend würde er sie anrufen. Er runzelte die Stirn.

Wieso hatte er von ihr keine Handynummer? Er wusste nicht einmal ihren Nachnamen! Irgendwie hatten sie den Austausch ihrer Kontaktdaten vergessen.

Er sprang unter die Dusche, putzte sich in Windeseile die Zähne und besprühte sich mit Aftershave. Die Haare noch feucht, rannte er zum Nachbarhaus. Klingelte. Doch im Haus blieb es ruhig.

Er klopfte an die Terrassentür, schaute durch verschiedene Fenster. Niemand zu sehen.

Zwei Mal lief er rund ums Gebäude, schrie immer lauter nach Meike. Warf sogar einen Stein gegen ihr Schlafzimmerfenster. Und ebenso gegen die Scheibe des Kinderzimmers.

Vergeblich, nichts rührte sich.

Gut, bei Meike gab es Gründe, weshalb sie weiterschlief. Aber wieso wurde Hannah nicht wach? Sie gab keinen Mucks von sich. Statt dem erwarteten Babygeschrei herrschte nur Stille. Absolute Totenstille.

Traurig sank er auf den Rasen neben der Sandkiste nieder. Vor seinem geistigen Auge erschienen Bilder, wie sie zu dritt mit Hannah spielten. Mit Schaufel, Rechen und einem Bagger, der laute Töne von sich gab.

Erst als eine Möwe auf dem geschlossenen Deckel landete, holte ihn die Realität ein. Steve schüttelte den Kopf. Mit einem Mal passte hier nichts mehr zusammen.

Was zwischen ihm und Meike passiert war … Es kam ihm vor wie ein Buch, bei dem die letzte Seite fehlte. … Wie ein Song ohne Schlussakkord. …

Es dauerte lange, bis er in der Lage war, sich aufzurappeln. … Vermutlich würde er es nie verstehen. … Kraftlos und ausgebrannt trottete er in sein Bett zurück.

Meike hatte sich den Wecker auf vier Uhr gestellt und war im Schutze der Dunkelheit losgefahren. Weg, so weit wie möglich, das war ihr Ziel. Am liebsten nach Afrika oder in die Karibik. In ein Land, in dem die Sonne schien und die Lebenshaltungskosten niedrig waren. Wo sie sicher sein konnte, nicht ausgeliefert zu werden.

Doch leider stand eine Flugreise nicht zur Debatte. Die Flughäfen wussten bestimmt schon, dass man sie suchte.

Demzufolge blieb nur das Auto. Prag oder Budapest, zwei wunderschöne Städte, die sie bereits kannte. Andererseits hätte sie dort ihre Euro in Kronen beziehungsweise Forint umtauschen müssen. Ein Risiko, das sie nicht eingehen wollte. Deshalb entschied sie sich für Bratislava, die Hauptstadt der Slowakei. Von dort aus könnte sie später bei Bedarf weiter nach Griechenland. Die konnten ihre Euros gut gebrauchen und waren froh um jeden Gast. Wobei sie die Route über Polen wählte, da ihr diese sicherer erschien.

Hannah wachte kurz vor Wismar auf. Sie frühstückten an einer Autobahnraststätte im Freien. Hannahs Milch in der Thermoskanne war fast so heiß wie ihr Latte macchiato.

»Glaubst du, er kommt über uns hinweg?«, erkundigte sich Meike bei dem Kleinkind. »Ja oder nein?« Als Hilfestellung beugte sie ihren Kopf zuerst mehrmals nach oben und unten, anschließend bewegte sie ihn ein paar Mal nach links und rechts.

Woraufhin Hannah ebenfalls den Kopf schüttelte. »Stimmt, er wird sehr zu kämpfen haben«, bestätigte Meike »wir zwei sind halt doch etwas Besonderes.«

Bevor sie weiterfuhren, tobten sie gemeinsam auf dem Spielplatz.

Gegen Mittag passierten sie die Grenze nach Polen. Dank des Schengener Abkommens wurden sie nicht kontrolliert.

An der Tankstelle stellte Meike fest, dass ihre Kreditkarte noch funktionierte. Lag es an der Behäbigkeit der Bank oder hatte sie die Mittel der Polizei überschätzt? Egal, diese Gelegenheit musste sie ausnutzen. Sie kaufte Essen und hob den maximalen Bargeldbetrag in Zloty ab. Sowohl mit ihrer Kredit- als auch mit der EC-Karte.

Danach ging es weiter nach Breslau, wo sie in einer kleinen Pension übernachteten. Der Wirt fragte nicht einmal nach ihrem Ausweis. Deshalb würden sie so lange bleiben, wie die polnische Währung reichte.

Wie versprochen druckte fast jede Zeitung in Norddeutschland die Fotos von Meike und Sophia Christ in ihrer Donnerstagsausgabe. Doch der, der bei der Klärung des Falles am besten hätte helfen können, schleppte sich den ganzen Tag lustlos durchs Haus. Steve war frustriert, verstand die Welt nicht mehr. Was sollte diese Hektik? Bis Hamburg war es doch bloß ein Katzensprung und für eine Reise nach Stuttgart benötigte man ebenfalls keine drei Tage. Da kam es doch auf ein paar Stunden hin oder her nicht drauf an! Je mehr er über diese Beziehung nachdachte, desto trauriger wurde er. Der Anblick der leeren Sektflasche, der geöffneten Flasche Aperol und der restlichen Orangen trieb Steve die Tränen in die Augen. Selbst das Zusammenräumen seiner Sachen bereitete ihm Mühe. Und da seine Freunde genauso mit Packen beschäftigt waren, nahm niemand von ihnen die Schlagzeile des Tages zur Kenntnis.

»Sieh zu, dass du wieder in die Pötte kommst!«, trichterten ihm seine Kameraden nach ihrer Rückkehr nach Hamburg zum wiederholten Male ein, »du musst morgen fit sein, egal wie!« Sie erzählten Witze und lustige Anekdoten, versuchten, ihn zu provozieren oder die Vorzüge anderer weiblicher Wesen zu verdeutlichen. Vergeblich. Gottlob begann ihr Auftritt im »Molly Malone« erst Samstagnacht um 23.15 Uhr. Vielleicht würde es ja helfen, wenn er bis dahin schliefe.

Als Steve gegen 22.30 Uhr im Pub eintraf, war dieser schon sehr gut besucht. So viele Fans und das bei diesem Wetter, das freute ihn. Seine Kumpel hatten bereits mit dem Soundcheck begonnen. »Alles roger?«

»Muss ja.« Er bestellte eine Cola, leerte das Glas ohne Hast und ging danach vor die Tür, um frische Luft zu schnappen.

Unter dem Baum am Hans-Albers-Denkmal stand ein Pärchen, so Anfang 20. Steve konnte nicht hören, was die beiden sprachen, die Absichten des Burschen waren jedoch klar zu erkennen. Immer wieder streichelte er die junge Frau an Rücken und Hintern, zog sie zu sich heran und versuchte, sie zu umarmen oder zu küssen.

Das kannst du vergessen, murmelte Steve kaum hörbar vor sich hin, ihre Körpersprache zeigt eindeutig, dass sie nichts von dir will. Umso mehr wunderte er sich, als die zwei Händchen haltend in den Pub zurückgingen.

Steves Lieder klangen an diesem Abend trauriger als sonst. Dennoch war ihr Auftritt ein voller Erfolg. Das

Publikum sang die Texte lautstark mit und viele Leute tanzten. Die zwei von vorhin sogar ziemlich eng. Schön, dass es noch Typen gibt, die Glück in der Liebe haben, überkam ihm im Stillen eine Mischung aus Freude, Wehmut und Hoffnung.

Doch als er sich um vier Uhr auf den Weg zur S-Bahn machte, hörte er die junge Frau schreien: »Lass das, du Saukerl!« Er sah, dass der Bursche sie gegen eine Hauswand gedrückt hatte und versuchte, ihr unter den Rock zu langen.

Steve zog den Kerl mit einem Ruck von dem Mädchen weg. Woraufhin die Kleine dem Macker mit aller Kraft zwischen die Beine trat.

»Ich zeig dich an, wegen Körperverletzung«, schimpfte der Typ, während er sich vor Schmerz krümmte.

»Und ich dich wegen Vergewaltigung!«

»Das klärt ihr am besten mit der Polizei.« Steve hatte sein Handy bereits am Ohr.

Die Streife war schnell vor Ort. »Wir brauchen Ihre Aussage«, erklärte ihm der Polizist, nachdem er seine Personalien aufgenommen hatte.

»Hat das nicht Zeit bis Mittag? Ich bin hundemüde.«

»Haben Sie etwas getrunken?«

»Nur Cola. Ich bin momentan etwas down und hatte zudem einen anstrengenden Auftritt.«

»Gut, dann fahren Sie nach Hause und schlafen Sie sich aus. Aber spätestens heute Nachmittag erwarten wir Sie auf der Wache.«

Steve erschien ausgeschlafen und geduscht gegen 15 Uhr auf der Davidwache. Detailliert schilderte er, wie ihm das Pärchen vor dem »Molly Malone« aufgefallen war. Wie es getanzt hatte und ebenso das letzte Aufeinandertreffen auf dem Weg zu seiner S-Bahn. Inklusive seiner eigenen Gedanken und Gefühle.

Zum Schluss lobte der Beamte noch einmal sein beherztes Eingreifen und legte ihm die Zeugenaussage zur Unterschrift vor.

Als Steve die Wache verließ, fiel sein Blick auf das Foto eines vermissten Kleinkinds. Er stoppte abrupt. Das konnte doch nicht wahr sein! Das war doch Hannah, die ihn da anlächelte. Oder nicht? Er kratzte sich an der Stirn. Die hier hieß Sophia ... also musste es sich um ein anderes Kind handeln. Ratlos stand er vor dem Plakat, wusste nicht, was er tun sollte.

»Kennen Sie das Mädchen?« Eine Polizistin hatte ihn beobachtet.

»Ich bin mir nicht sicher.« Verlegen lächelte er die Beamtin an.

»Das sollten wir auf jeden Fall abklären. Tun Sie mir bitte den Gefallen und nehmen Sie hier Platz.« Sie griff zum Telefonhörer und rief einen Kollegen der Kriminalpolizei an. Anschließend servierte sie Steve einen Kaffee zur Verkürzung der Wartezeit.

Als der Beamte eintraf, hatte er die Tasse bereits zur Hälfte geleert. Gemeinsam gingen sie in den Vernehmungsraum. »Ich habe ein Mädchen, das Ihrem vermissten Kleinkind sehr ähnlich sieht, zusammen mit seiner Mutter bei meinem Urlaub in Dänemark kennengelernt.«

»Meinen Sie diese Frau?« Der Kommissar zeigte Steve ein Foto von Meike.

»Genau! So sah Meike aus, als ich sie kennenlernte. Toll, nicht?«

»Stimmt, die Dame ist ausgesprochen attraktiv. Und der Name passt auch. Aber sie ist nicht die Mutter der kleinen Sophia. Die sieht so aus.« Der Polizist zeigte Steve ein Foto von Katja Christ.

»Das kann doch nicht wahr sein, Sie müssen sich irren!«, rief Steve mit weit aufgerissenen Augen. Obwohl er den Satz beendet hatte, blieb sein Mund offen.

Denn der Beamte schilderte in kurzen Worten die Umstände der Entführung von Sophia Christ sowie von der Ermordung ihres Vaters und von Hans Hansen. Jedes Wort, das er von sich gab, verstärkte die Lähmung in Steves Gesicht. Er stützte die Ellbogen auf den Tisch und vergrub den Kopf in seinen Händen. Er schluckte. Am liebsten hätte er geweint. Aber es ging nicht. Ein absolut beschissenes Gefühl.

Er stand auf. »Ich habe mich in diese Frau verliebt!« Lief im Raum umher und gestikulierte wild.

Der Kommissar ließ ihn gewähren.

»Und jetzt kommen Sie daher und behaupten, sie ist eine zweifache Mörderin!«, schrie er, ohne den Beamten anzusehen. Dabei schlug er mit der flachen Hand gegen die Wand. »Meike kümmert sich rührend um Hannah. Es geht ihr blendend!«

Der Polizist schwieg.

Woraufhin Steve realisierte, wie dumm er sich verhalten hatte. Er setzte sich wieder hin und trank den Rest seines Kaffees. Dennoch benötigte er einige Minuten, bis er berichten konnte, wie er Meike und Hannah kennengelernt hatte. Er sprach leise und mit zahlreichen Unterbrechungen. Doch am Ende hatte er die Adresse des Feriendomizils genannt, die Identität von Meikes Fahrzeug bestätigt und die Polizei über ihre neue Frisur in Kenntnis gesetzt. Gemeinsam mit seinen Freunden fertigte er ein aktuelles Phantombild von ihr an.

Die Hamburger Polizei informierte umgehend Katja Christ über die guten Neuigkeiten.

»Wo ist sie? Bei Ihnen in Hamburg? Ich setz mich gleich in den Flieger und hole sie ab!« Offensichtlich hatte die Mutter nur »Hamburg« und »Sophia lebt« verstanden.

Es kostete die Polizistin Mühe, Katja Christ zuerst in ihrer Euphorie zu bremsen und anschließend wieder aus dem Tal der Tränen herauszuholen. »Sophia geht es gut, das hat uns der Zeuge verlässlich bestätigt!«

»Sicher?«, schluchzte Katja Christ in den Hörer.

»Er hat sie gesehen und uns viele wertvolle Hinweise gegeben. Wir werden Ihre Tochter bestimmt bald finden. Wir suchen sie international, die Fahndung läuft auf Hochtouren.«

Katja Christ schwieg. Als ob sie gar nicht zugehört hätte.

Deshalb erkundigte sich die Beamtin: »Frau Christ, geht es Ihnen gut? Sollen Ihnen die Münchner eine Kollegin vorbeischicken?«

»Danke nein, nicht nötig. Ich habe nur gebetet, dass Sie recht haben.«

Alois Schön las die Nachricht am Montagmorgen auf seinem Computer. Sofort rief er Diana an, um die Details zu erfahren. Anschließend informierte er sein Team über die freudige Nachricht.

Am Abend erzählte Natascha ihrem Ehemann von der guten Neuigkeit. »Ich denke, ich werde die Pille wieder absetzen.« Doch Phil reagierte nicht wie erhofft. Er saß da und las weiter in einem Heft.

»Hallo, Erde an Phil! Ich rede mit dir, Hase!«

»Ich habe dich schon verstanden, klar und deutlich.«

Natascha nahm ihm die Zeitschrift aus der Hand. »Ja und? Hast du dazu keine Meinung?«

»Doch!«

»Und warum sagst du dann nichts?«

»Weil …« Es dauerte einen Moment, bis Phil in der Lage war, seine Gedanken zu artikulieren. »Also gut.« Er atmete tief durch. »Du weißt, dass ich mich sehr freue, wenn du schwanger wirst. Aber seien wir doch ehrlich, die Kuh ist nicht vom Eis.« Mit ernster Miene sah er seine Ehefrau an. »Und eines will ich auf keinen Fall: Dieses Hickhack noch einmal mitmachen.« Seine Stimme klang entschlossen. »Was machst du, wenn dieses Kind die Flucht nicht überlebt? Nimmst du dann vor lauter Frust und Gram wieder die Pille? Zur Not heimlich?« Er machte eine Pause, die der Bedeutung seiner Worte angemessen war. »Was ist, wenn ihr in ein paar

Wochen einen ähnlich gelagerten Fall bearbeiten müsst?«
Er ergriff sein Glas und trank einen kräftigen Schluck.
»Offen gesagt, habe ich auf ein solches Hin und Her
nicht die geringste Lust. Da ist es mir lieber, du machst
das, was du für richtig hältst und informierst mich erst,
wenn es so weit ist.« Mit einem leichten Schmunzeln
fügte er hinzu: »Bis dahin gehe ich davon aus, wir vögeln
nur so zum Spaß.«

Diese Rede musste Natascha erst einmal verdauen.
Stumm saß sie auf dem Sofa, nahm ihre Umwelt,
geschweige denn die Serie im Fernsehen, kaum wahr.
Doch je mehr sie sich in Phils Lage hineinversetzte, umso
mehr hatte sie Verständnis für ihn. Im Grunde hatte er
nichts Falsches gesagt und sich nach wie vor sehr tole-
rant gezeigt. Er war halt doch ein Lieber. An den sie sich
später im Bett wieder gerne herankuschelte.

DER PREIS DER SEHNSUCHT

Meikes Zloty reichten gerade noch für eine Tankfüllung und etwas Proviant. Daher war es Zeit, diese wunderschöne Stadt zu verlassen. Im Park des Stadtschlosses und im Botanischen Garten hatten sie viele schöne Stunden verbracht. Vor allem die Breslauer Zwerge hatten es Hannah angetan. An die Hundert Fotos hatte Meike von ihrem Liebling mit einem dieser Wichte geschossen.

Ohne Kontrolle passierten sie die Grenze nach Tschechien, fuhren unbehelligt hinter Brünn in die Slowakei. Meike mied gebührenpflichtige Straßen, nahm lieber einen Umweg in Kauf. Müde, aber zufrieden kamen sie am Abend in Bratislava an. In einer Stadt mit mehr als 400.000 Einwohnern würde man sie so schnell nicht finden.

Dem Besitzer der Pension erklärte sie, sie nutze sein Haus lediglich als Zwischenstation. Sie werde ihrer Meldepflicht selbst nachkommen, sobald sie eine feste Bleibe gefunden habe. Woraufhin sich dieser mit ihrer Heimatanschrift zufriedengab: Holstenplatz 18 in 22765 Hamburg. Dass es sich dabei um die Adresse ihres Wohnsitzfinanzamtes handelte, wusste er natürlich nicht. Er kannte nur das Bier. Angesichts der Tatsache, dass sie mit dem Geld, das sie denen in den letzten Jahren überwiesen hatte, locker eine luxuriöse Wohnung oder ein komfortables Büro dort hätte kaufen können, hielt Meike diese Notlüge für legitim.

Nach zwei Tagen wurde sie fündig. Dem Vermieter des möblierten Apartments genügte gleichfalls ihr Versprechen, sie werde ihm die Aufenthaltsbescheinigung sofort nach Erhalt vorlegen. Eine so hübsche Lady, Mutter eines süßen Kleinkinds, mit einem Wohnsitz in Hamburg-Altona. Was hatte die schon zu verbergen?

Meike kam sich vor wie im Urlaub. Nicht nur, weil sie bereits mehrere Sehenswürdigkeiten der Stadt besucht hatte. Nur einer fehlte zum perfekten Glück: Steve. Einmal hatte sie in einem Café mit kostenlosem WLAN-Zugang einen Blick auf die Website seiner Band riskiert. So erfuhr sie, dass das Konzert im »Molly Malone« ein Riesenerfolg gewesen war. Kein Wunder bei dem smarten Sänger.

Sie genoss die Erinnerungen an ihn, wenn sie auf dem Bett lag, während Hannah schlief. Und verzehrte sich in den Gedanken, die sie dabei überkamen. Dann überlegte sie, wie er sie verwöhnen würde, wenn er jetzt da wäre. Mal ging es sanft, mal härter zur Sache. In ihrer Gier aufeinander hätten sie bestimmt alles ausprobiert. Egal, was sie sich vorstellte, es war jedes Mal phänomenal.

In der Nacht von Freitag auf Samstag bekam Meikes Glück Kratzer. Hannah hatte extrem unruhig geschlafen, zwischendurch ewig lang wachgelegen und sogar geweint.

Müde saßen sie zu zweit am Frühstückstisch. Während Meike sich bereits die dritte Tasse Kaffee eingeschenkt hatte, hatte Hannah ihr Essen nicht angerührt. Apathisch saß sie da, spielte nicht einmal mit dem Löffel.

»Magst du lieber eine Flasche?« Meike hätte sich sogar darüber gefreut, wenn Hannah mit dem Brei um sich gespritzt oder die Schüssel auf den Boden gepfeffert hätte.

»Okay, mein Schatz, du bist erkältet. Wir kaufen dir Nasentropfen und eine lindernde Creme mit Campher und Eukalyptus für deine kleine Brust. Dann bist du schnell wieder fit!«

Doch im Einkaufszentrum erfuhr sie, dass Erkältungssalben mit ätherischen Ölen erst ab einem Alter von zwei Jahren angewendet werden dürfen. Stattdessen empfahl man ihr Efeupräparate. Alternativ Thymian-Myrte-Balsam.

Mittel, die ums Verrecken nicht halfen. Am Montag schrie Hannah, was ihre kleine Lunge hergab. So laut, dass sich ein Nachbar beschwerte. Meike solle das Schreien abstellen, das Kind zum Arzt bringen.

Sie recherchierte im Internet. Ohrenschmerzen schienen die Ursache für Hannahs Qualen zu sein. Immerhin hatte die Apotheke im Viertel heute geöffnet. Dort würde sie das geeignete Medikament für ihren Liebling finden.

Der Apotheker war nett und zuvorkommend, seine Auswahl an passenden Arzneien jedoch mehr als bescheiden. »Für Antibiotika benötige ich ein Rezept«, erklärte er in passablem Englisch. Der Mann hatte gut reden.

Hannahs Fieber stieg und stieg: 38,7 – 39,2 – 39,8.

Vorsichtig legte Meike ihr Ohr auf Hannahs Brust. Waren das Rasselgeräusche oder sogar ein Blubbern? Hatte sich etwa Wasser in Hannahs Lunge gebildet?

Bei einer Bekannten hatte ein ähnlicher Verlauf schlimm geendet: Erkältung – Lungenentzündung – Wasser in der Lunge – Gehirnschlag. Konnte das bei einem Kleinkind auch passieren? Das Internet stufte diese Möglichkeit als äußerst selten ein.

Am Nachmittag schlief Hannah erschöpft vom Schreien ein. Natürlich hatte sich auch der verdammte Nachbar wieder beschwert. Dieses Mal hatte er sogar mit der Polizei gedroht! Er würde dafür sorgen, dass man ihr das Kind wegnehme, wenn sie es nicht behandeln lasse.

Was für ein Unmensch, ein richtiges Scheusal! Erst als sie ihm verklickert hatte, dass sie bereits für den nächsten Morgen einen Arzttermin vereinbart hätte, beruhigte er sich.

Meike sah alle zehn Minuten nach Hannah, begutachtete sie aufs Genaueste. Das Bäuchlein dick, die Lippen blau. Es gab keine Zweifel mehr: Ihr Liebling hatte Lungenentzündung. Und litt nach wie vor unter heftigsten Ohrenschmerzen. Denn kaum war sie aufgewacht, schrie sie erneut.

Vorsichtig packte Meike die kleine Patientin ins Auto. Sie brauchte Antibiotika, koste es, was es wolle. Mit dem schreienden Baby auf dem Beifahrersitz fuhr sie ins Rotlichtviertel. Sie unterhielt sich mit Prostituierten, erkundigte sich bei Freiern und Türstehern. Doch niemand konnte ihr helfen. Es schien, als hätte sich die ganze Welt gegen sie verschworen.

»Wir zwei schaffen das!«, sah sie zu Hannah rüber. Doch was sie sah, veranlasste sie bloß, das Gaspedal durchzudrücken und schleunigst nach Hause zu fahren. Hannah zitterte am ganzen Körper. Schüttelfrost!

Meike nahm sie zu sich ins Bett, legte sie auf ihre Brust. Kangarooing nannte man das. Sie hoffte, ihr Herzschlag würde ihren Liebling beruhigen. Regungslos lag sie da, bis Hannah eingeschlafen war.

Als Meike am nächsten Morgen aufwachte, bemerkte sie einen roten Fleck auf dem Kopfkissen. War das Blut? Der dünne rote Streifen auf Hannahs Mundwinkel ließ Schlimmes befürchten. Ihre Stirn glühte. Kein Wunder, das Ohrthermometer zeigte 40,3 Grad.

Meike überlegte: Als Kind hatte man ihr bei hohem Fieber kühlende Wickel gegeben. Sie lief ins Bad, um einen feuchten Waschlappen für den Kopf sowie nasse Mullbinden für Arme, Brust und Beine zu holen.

Als sie zurückkam, stockte ihr der Atem. Hannah war bewusstlos und zuckte am ganzen Körper. Meike wusste nicht, was sie tun sollte. Außer Weinen.

Gottlob war der Spuk nach gut zwei Minuten vorbei.

Sie ging in die Küche, um sich einen starken Kaffee zu kochen. Erkältungen, Ohrenschmerzen, Lungenentzündung. Alles kein Problem, wenn ein Arzt in der Nähe war. Sie klappte ihr Notebook auf. »Fieberkrämpfe sind selten, können aber auch auf Hirnhautentzündung oder Epilepsie hinweisen«, las sie im Internet.

Meike schüttelte sich. Ihr Mund stand offen, die Haare an ihren Armen senkrecht zu Berge. Sie schwitzte. Das konnte sie Hannah unmöglich antun.

Gedankenverloren starrte sie in die schwarze Brühe, die vor ihr stand. Masern, Windpocken, Scharlach – das alles gehörte zum Großwerden dazu. Wie zahlreiche Schrammen und Wunden, unter Umständen ein gebrochener Fuß oder Arm. Alles normal bei einem aktiven, sportlichen Kind.

Hannah war jetzt schon ausgesprochen lebhaft, also musste sie mit all diesen Blessuren und Malheuren rechnen.

Unabhängig davon, wo sie sich gerade befanden.

Der Kaffee schmeckt mit einem Mal salzig. Konnte sie ihrem Schützling immer eine ausreichende medizinische Versorgung gewährleisten? Was wäre, wenn ihr Geld zur Neige ginge? Auch wenn es wehtat und sie es nicht wollte. So konnte es nicht weitergehen.

Meike nahm zwei Tabletten und schnitt sie in klitzekleine Stücke. Mit Hilfe der Absätze ihrer Pumps zerrieb sie die Krümel zu feinem Pulver. Danach ging sie ins Nebenzimmer. Hannah war wach, schien Hunger und Durst zu haben.

Meike erwärmte die Milch, füllte sie in die Flasche und mixte das Pulver hinein.

Hannah schlief nach vier, fünf Schlucken ein. Sie spürte nicht das Geringste, als Meike sie in ihren Kindersitz und anschließend ins Auto verfrachtete.

Meike fuhr ins Zentrum, parkte in einer Seitenstraße nahe der deutschen Botschaft. Traurig sah sie die schlafende Hannah an. Wie schön wäre es gewesen, sie aufwachsen zu sehen. Mitzuerleben, wie sich ihre süße Maus in ein reizendes Kind, einen hübschen Teenager und später in eine attraktive Frau verwandelte. Zärtlich strich sie ihrem Liebling über den Kopf. Es wäre der Himmel auf Erden gewesen ... Sie hatte sich dermaßen angestrengt, so viele Opfer gebracht ... Doch jetzt waren alle ihre Mühen umsonst.

Schweren Herzens verriegelte Meike die Autotür. Einen Brief, den sie noch in der Küche geschrieben hatte, klemmte sie unter den Gurt des Kindersitzes.

Ein allerletzter Blick, Meike schämte sich nicht ihrer Tränen.

Gemächlichen Schrittes ging sie zum Ufer der Donau. Die Reisenden, die an den Anlegern der Flusskreuzfahrtschiffe standen, registrierte sie nicht. Mit zittrigen Händen schrieb sie eine Mail an die Botschaft: Ein Kleinkind sei in einem weißen PKW mit deutschem Kennzeichen in der Nebenstraße eingesperrt. Schlagen Sie zur Not die Fensterscheibe ein, hatte sie empfohlen, ich brauche die Karre nicht mehr. Nachdem sie die Nachricht abgeschickt hatte, warf sie das Handy in den Fluss.

Sofort wurden zwei Botschaftsangehörige losgeschickt, um Hannah zu befreien. Sie schlief tief und fest. Selbst das Zerbrechen der Scheibe an der Fahrertür weckte sie nicht auf. Nur kurz bewegte sie ihre Mundwinkel. So konnte man den Brief, den Meike geschrieben hatte, in Ruhe lesen:

»Mein Name ist Sophia Christ, die Polizei in München sucht mich. Ich schlafe, weil mir meine Mutti ein Schlafmittel gegeben hat. Bitte helfen Sie mir! Ich habe furchtbare Ohrenschmerzen und vermutlich auch eine Lungenentzündung. Heute Nacht habe ich Blut gespuckt, heute Morgen hatte ich einen Fieberkrampf.«

Auf einem separaten Blatt Papier, das mit Schenkungsvertrag überschrieben war, vermachte Meike Sophia den Inhalt der Tasche, die zu Füßen des Kindersitzes stand. Unterschrieben mit vollem Namen, Uhrzeit und korrekter Adresse in Deutschland als Zeichen ihrer Zurechnungsfähigkeit. Ich möchte dazu beitragen, dass Sophia eine sorgenfreie Zukunft erhält, begründete sie ihren Entschluss.

In der Tasche befanden sich etwa 230.000 Euro.

Der herbeigerufene Arzt bestätigte Meikes Diagnose. Sein verabreichtes Mittel wirkte schnell. Bereits am nächsten Tag konnte Katja Christ ihre Tochter im Krankenhaus in die Arme schließen, am Wochenende wurde Sophia entlassen. Hinweise auf Epilepsie oder Meningitis fanden sich keine.

Nachdem sie das Handy in die Donau geworfen hatte, lief Meike zum Taxistand: »Zum UFO, bitte.«

Sie löste das Ticket und fuhr mit dem Aufzug zur Aussichtsplattform. Mit dem Fernglas konnte sie bis nach Ungarn schauen. Und dort hinten lag Österreich.

Meike setzte sich auf die Umrandung. Was hast du alles erlebt?, sinnierte sie. Wo bist du überall gewesen? Manche Leute sind doppelt so alt wie du und haben nur halb so viel von der Welt gesehen.

Ihr Blick glitt über ihren Körper. Ihre Figur? Ein Traum! Für die meisten Männer viel zu schade. Abgesehen von Steve. Sie spürte, wie die Tränen in ihr hochstiegen. Denn der war unerreichbar … genauso wie Hannah.

»Passen Sie auf, dass Sie nicht runterfallen, schöne Frau«, rief ihr ein junger Kerl zu.

»Du kannst mich ja auffangen!«, erwiderte sie schmunzelnd.

»Ein Engel wie du kann doch bestimmt fliegen!« Der Bursche schien nicht auf den Mund gefallen. Gleichwohl rührte er sich nicht von der Stelle, als sie aufstand und auf die Brüstung stieg.

Du bist auch nur ein Maulheld, sah Meike verächtlich zu ihm rüber. Lachte innerlich vor Hohn. Ein Schaumschläger, der im Grunde nur das belegte, was sie inzwischen verinnerlicht hatte: Mit Steve und Hannah hatte sie ihr Glück voll auskosten dürfen. Höchstwahrscheinlich sogar mehr bekommen als die meisten Menschen. Deshalb konnte es in Zukunft nur bergab gehen.

Vorsichtig berührte sie die Drahtseile, die rund um die Plattform gespannt waren. Standen sie unter Strom? Mitnichten.

»Hey Lady, what are you doing there?«, schrie jemand von der gegenüberliegenden Seite. Vermutlich ein Amerikaner, so fett, wie der war. Auf jeden Fall ein Mann. Und damit unfähig, ihre Gedanken nachzuvollziehen.

Genauso wie die anderen Leute, die zwischenzeitlich auf sie aufmerksam geworden waren. Keiner von ihnen war in der Lage, sie von ihrem Entschluss abzuhalten. Erst als sie die Drähte überwunden hatte, begannen sie zu schreien.

DANKE

Liebe Leserinnen, liebe Leser,

damit Sie den dritten Fall von Alois Schön und seinem Team in Händen halten können, bedurfte es einer Vielzahl von Menschen, die mich mit Herzblut und Leidenschaft unterstützten.

Zuallererst wäre Lars Schultze-Kossack zu nennen, der mich in meiner Idee, die Weltstädte München und Hamburg in einem Krimi zu vereinen, bestärkte. Und der mit dem Gmeiner-Verlag einen guten Vertrag aushandelte. Vielen Dank.

Danke auch an meine Lektorin Claudia Senghaas, die meinem Werk den letzten Schliff gab. Wie akribisch sie durch den Text geht, zeigt die Korrektur zwei kleiner, aber peinlicher Fehler, die ich übersehen hatte. Welche dies waren, wird natürlich nicht verraten.

Anja Ludolph und Barbara Adelsberger haben die allererste Fassung von »Hundsbua« gelesen. Danke an Anja, für deine zahlreichen konstruktiven Anregungen und die Überprüfung des norddeutschen Flairs, sowie an Babsi für die medizinischen Ratschläge und deine Tipps in Bezug auf Kinderkrankheiten.

Da sich Kommissaranwärter Martin in »Saukerl« großer Beliebtheit erfreut, musste ich nach seiner Rückkehr als frischgebackener Kommissar seine fränkische Mundart ins rechte Licht rücken. Danke an Monika Spengler, eine waschechte Nürnbergerin, für deine Unterstützung.

Beim Münchner Dialekt hat mir dieses Mal Autorenkollege Andreas Schröfl geholfen. Seine Sanktus-Krimis, die ebenfalls im Gmeiner-Verlag erscheinen, kann ich Ihnen wärmstens empfehlen.

Ganz besonderer Dank gilt natürlich Ihnen, liebe Leser, die »Hundsbua« erst ermöglichten, weil Ihnen »Saukerl« und »Schickimicki« so gut gefallen haben. Weil Sie meine Werke weiterempfohlen und meine Lesungen besucht haben. Sie sind die Motivation jeden Schriftstellers, bescheren ihm Freude und treiben ihn an.

Termine meiner Lesungen, Presseartikel und viele weitere Informationen finden Sie auf meiner Website www.krimi-muenchen.de

Selbstverständlich haben Sie dort auch die Möglichkeit, mir Ihre Anmerkungen und Kommentare zu übersenden. Gerne können wir uns auch auf Facebook oder Xing vernetzen.

Auf Ihr Feedback freut sich
Ihr
Ulrich Radermacher

*Weitere Titel finden Sie auf den
folgenden Seiten und im Internet:*

WWW.GMEINER-SPANNUNG.DE

Schickimicki

Ulrich Radermacher
Schickimicki
Kriminalroman
282 Seiten, 12 x 20 cm
Paperback
ISBN 978-3-8392-2041-2
€ 11,99 [D] / € 12,40 [A]

Schön, wohlhabend, verheiratet und eine Affäre.
Zwischen der Isar-Toten Petra Malterer und Saskia
Engels, die man im Deininger Weiher findet, gibt
es verschiedene Gemeinsamkeiten. Hauptkommissar Alois Schön und Kommissarin Natascha
Frey ermitteln in ihrem zweiten Fall nicht nur im
familiären Umfeld der Toten, sondern auch in der
Münchener Bussi-Gesellschaft. Während Natascha
darüber hinaus ein privates Problem lösen muss,
kommt es wie so häufig ganz anders als man denkt.

GMEINER SPANNUNG

WWW.GMEINER-VERLAG.DE
Wir machen's spannend

Schetar / Köthe
Münchner Schmankerl
Lieblingsplätze
192 Seiten, 14 x 21 cm
Paperback
ISBN 978-3-8392-1367-4
€ 14,99 [D] / € 15,50 [A]

München ist eine der beliebtesten Städte Deutschlands. Highlights wie der Dom oder das Deutsche Museum sind jedem bekannt, doch wie sieht es mit dem Bogenhausener Kircherl oder der Burg Grünwald aus? Begleiten Sie Daniela Schetar und Friedrich Köthe an ihre 66 persönlichen Lieblingsplätze in der bayrischen Landeshauptstadt. Münchner Flair wird erlebbar beim Besuch von Hinterhofflohmärkten oder des aufstrebenden Arbeiterviertels Westend. Zum gemütlichen Ausklang des Tages laden die 11 ausgewählten Biergärten ein – jeder mit eigener Atmosphäre und besonderem Bier.

GMEINER KULTUR

WWW.GMEINER-VERLAG.DE
Mensch, Kultur, Region